LA VERDADERA HISTORIA
DE LOS CHICOS DE PUERTO RICO

POR CARLOS ALFONSO RAMIREZ

La verdadera historia de los chicos de Puerto Rico
©Carlos Alfonso Ramirez

Queda prohibido la reproducción total o parcial de esta obra sin contar con la aprobación expresa del autor.

ISBN: 978-1-61887-746-8

Impreso por:

BiblioGráficas
399 Ave. Muñoz Rivera
Esq. Eleanor Roosevelt
San Juan, P.R
Tel. (787) 753-3704
info@bibliograficas.com

PRÓLOGO

por Marily Perdomo (Muxik Radio)

"Gracias por darme la oportunidad de leer el borrador del libro. Le confieso que al leerlo he quedado anonadada. Este libro está escrito con amor, humildad y sentimiento. Por Fin Don Carlos lo hizo!!!!!! Y lo felicito. Siempre adoré a Los Chicos a través del amor que mi hermano y sus amigas y amigos le profesaban y que yo me contagié con su música y nunca los dejé en el olvido. Hasta que tuve la radio y los dos primeros años fue solo música de Chayanne y Los Chicos 24 horas al día. Luego fui conociendo a todos uno a uno empezando por Rey, luego Giro, después usted y Migue más tarde Tony, Tico, Alejandro y Javier quienes se portaron con la radio espectacular y sus familias entraban a escuchar el programa y aparecieron cientos de fans de todos los países. El programa acaba de cumplir 7 años. Le doy las gracias por haber sido tan amigo y como un padre para mí y haber podido conocer tantas cosas de Los Chicos pues yo como fan no las conocía. Gracias del alma por escribir este libro." En mayo 24 de 2015 Marily nos abandonó para ir a morar con el Señor. Marily, descansa en paz y quiero dedicarte este libro a ti, por representar con dignidad y gallardía el legado de Los Chicos. Fuiste un ícono para nosotros y siempre estarás en nuestros corazones. Estoy seguro que Los Chicos comparten este sentimiento conmigo y te recordaremos por siempre porque: "cuando un amigo se va, deja un crespón encendido que no lo puede apagar la llegada de otro amigo." Alberto Cortez

Muxik Radio es una emisora de radio cibernética fundada por Marily Perdomo (QDP) en su afán de seguir difundiendo la música de Los Chicos. Hoy se escucha todo tipo de música, pero muy especialmente la de Los Chicos por eso a Marily de todo corazón le dedicamos este libro y le damos las gracias por mantener viva la llama de la Chico manía en el mundo.

Esta historia comenzó en febrero de 1982

Primer artículo de prensa con título de portada "Los Chicos periodistas difieren sobre su futuro" en febrero de 1982 publicado por mí para la Revista Estrellas de la que yo era el dueño y editor.

La verdadera historia de los chicos de Puerto Rico

Mayo Domingo 2 de 1982. | CRITICA FARANDULA | 27

El próximo domingo en La Monumental
Unicornio, Los Chicos y Leobaldo harán homenaje a las madres
Actuación especial del Mariachi Occidental

Los Chicos y Leobaldo alternarán con Unicornio el próximo domingo.

'or primera vez en Maracaibo estará el próximo 9 e mayo en la Monumental plaza de Toros de Maracaibo el Grupo Unicornio una producción nacional que ha logrado imponerse tanto a nivel de radio como en televisión y presentaciones en vivo.

El Grupo Unicornio manejados por el conocido locutor y productor de televisión Luis Gerardo Tovar actualmente se deja escuchar en la radio venezolana con el tema Los Hermanos Vargas y abe mencionar que acaban de regresar de Madrid donde grabaron un especial que será transmitido pronto por VTV Canal 8.

Sin embargo el espectáculo con el debut en el Zulia de Unicornio no queda ahí, también será el 9 de mayo la actuación estelar del grupo puertorri-

queño Los Chicos una agrupación de jovencitos borinqueños que suenan mucho en su país.

Mientras que por el Zulia la compensación estará a cargo de Leobaldo Díaz un joven marabino que sin objeción alguna se ha convertido en el artista más solicitado para respaldar los espectáculos que vienen de Caracas o el exterior.

arándula
Pedro Soscún

Venezuela, el primer país visitado por Los Chicos de Puerto Rico el día de las madres, gracias a Luis Gerardo Tovar que nos consiguió esta presentación y Beta Records como representante discográfico. Farándula 5/82

Panamá, segundo país visitado el martes 18 de mayo de 1982. A pesar de que Los Chicos no eran ni remotamente conocidos en Panamá, tres semanas antes de este suceso lograron cautivar a la juventud panameña gracias a una estrategia hábilmente diseñada por D.I.D.E.C.A. Compañía de discos de Centro América y su gerente de ventas y mercadeo, Ernesto Porras.

La verdadera historia de los chicos de Puerto Rico

Con la promoción que comenzó en Venezuela en mayo de 1982 y culminó en Guatemala en julio de 1982 Los Chicos regresaron a P. R. para grabar su 2do LP y comenzar un programa en WAPA televisión todos los martes y jueves a las 6:30 de la tarde. Esto los llevó de forma acelerada a la Sala de Festivales del Centro de Bellas Artes en San Juan, P.R. a finales de agosto de 1982.

Programa de televisión semanal de Los Chicos en WAPA TV en P.R. todos los martes y jueves a las 6:30 p.m. En la foto derecha abajo de izquierda a derecha: Chayanne, Tony, Rey, Migue y Nelson Rodríguez (Kbo.) road Manager de Los Chicos desde enero de 1983.

Esta es la historia de Los Chicos de Puerto Rico con sus integrantes Tony, Rey, Migue y Chayanne así como su trayectoria artística de manera cronológica para llegar a la cima de la fama de forma acelerada. Luego de haber conseguido en un año gran parte de este objetivo lo echaron todo por la borda en un instante, cuando tres de cuatro padres actuaron en común y concierto acuerdo con su abogado el Lcdo. Andrés Montañez Coss y algunos de mis empleados dirigidos por Ángelo Medina hijo con el propósito de romper Los Chicos para lanzar a Chayanne de solista. Esta acción la ejecutaron de forma abrupta y sorpresiva sin darme tiempo a reaccionar de forma preventiva.

El propósito de esta acción por parte de Ángelo Medina hijo era lanzar a Chayanne de cantante solista y a esos efectos en mayo de 1983 le había conseguido una audición con la compañía RCA, Ariola en México para grabarlo. El propósito del papá de Rey era que no estaba contento con haberme vendido el grupo. Ahora estaba arrepentido de tal acción por la fama que el grupo había obtenido en tan corto tiempo. El propósito del papá de Migue era que ya se había anunciado la salida de Migue por Alex Rodríguez. Ángelo Medina a través del Lcdo. Montañez le llevó la idea que el grupo seguiría junto sin mí (Carlos Alfonso). Su intención era confundirlos en su verdadero objetivo sobre Chayanne.

Sin dudas Ángelo Medina no hubiera podido llevar adelante esta acción de forma solitaria, si no hubiera creado el caos que creó para confundirme y confundir a los otros padres que se le unieron a través del Lcdo. Andrés Montañez Coss para concertar esta acción torticera. Torticera en la jerga legal significa que un tercero, en este caso Ángelo Medina que trabajaba para mí, se interpuso entre las partes contratadas con el propósito de romper los acuerdos existentes mediante contratos y sacar a Chayanne de solista. Esto provocó un rompimiento de dichos contratos o acuerdos entre las partes existentes o sea entre Los Chicos Inc. y cada uno de sus integrantes de forma individual que a su vez creó enormes pérdidas para la Corporación de Los Chicos Inc. sus accionistas, así como Tony y sus padres, que a su vez eran representados legalmente por el mismo abogado Andrés Montañez Coss, que actuó contra ellos de manera antiética y en contra de sus intereses familiares, ocasionándole grandes pérdidas y angustias mentales a Tony y sus padres.

Al romperse Los Chicos de forma tan inesperada dejó una serie de interrogantes entre su fanaticada que hasta el día de hoy no han sido contestadas y que en este libro pretendemos contestarlas y contestarnos a nosotros mismos. Una de estas preguntas más comunes es, ¿por qué siendo Tony el mejor cantante de los Chicos nunca pudo lanzarse cómo solista?

¿Por qué el Retorno en 1999 no continuó cómo se había programado? Veamos lo que fue la Historia de Los Chicos de Puerto Rico, su ascenso a la fama y su caída en picada provocada por mi asistente Ángelo Medina hijo y sus ambiciones personales desmedidas.

Hoy es lunes 24 de agosto de 2015, son las seis de la mañana cuando comienzo a escribir esta historia.

Anoche tuve una noche de desvelo junto con mi esposa y por alguna razón extraña no podíamos dormir. Ya desesperados de dar vueltas en la cama prendimos el televisor a las cuatro y cuarenta y cinco de la mañana y mi esposa se quedó viendo la televisión, pero yo me pegué a la computadora y me puse a ver unos DVD que me había prestado Tony, el día de su cumpleaños número 48 el viernes pasado. Cuál no sería mi sorpresa al ver un programa viejo de Fuera de Serie con el periodista Pedro Zervigón que se transmitió por el canal 2 de Telemundo y otro de Rubén and Company que se transmitió por el canal Once de Univisión Puerto Rico en donde trabajaba la periodista de farándula de Puerto Rico Milly Cangiano, el programa se transmitía a las diez y treinta de la noche en su horario regular. Curiosamente, Milly comenzó a entrevistar a Chayanne y yo quedé sorprendido de lo que allí observé y escuché y cito de la grabación en mi poder:

Milly Cangiano: "Bueno son tres décadas de Carrera, sin embargo, ¿queremos que nos digas cinco cosas que no has contado a nadie de tu Carrera, de tu vida?"

Chayanne: "A son muchas cosas tu sabes todo lo que"
Milly: "¿Qué no le has dicho a la gente?"

Chayanne: "No, bueno son tantas cosas que nosotros hacemos de tras de cámara para hacer un proyecto."

Milly: "¿Te ayudo a hacer la lista?" Chayanne: "Ay Papa Dios cuidado" Milly: "Por ejemplo, ¿Yury?" Chayanne: "¿Qué pasó con Yury?" Milly: "¿Qué hiciste con ella?"

Chayanne: "Fue súper bella es como el pan." Milly: "¿Quién actuaba mejor, ella o tú?" Chayanne: "Ella, ella me ayudó.

Milly: "¿Dayanara?"

Chayanne: "También, gran actriz."

Milly: "Ella quería casarse contigo antes que Mark. ¿Ella estaba buscando como un novio?"

Chayanne: "Bueno yo la pasé súper bien con ella.

!!JACOBO! Soy culpable." (Jacobo se refiere a Jacobo Morales productor puertorriqueño y productor de la película Linda Sara donde Chayanne protagonizó con Dayanara Torres ex Miss Puerto Rico, ex Miss Universo y ex esposa de Mark Anthony.

Milly: "Si hablamos de una situación que surgió hace muchos años en el Colegio de Abogados. Por ejemplo, que tú estabas con tus padres….(Chayanne se aleja) No te vayas porque esto es historia y tú acababas de decidir que ibas a salir de Los Chicos y entonces dijiste que con quién te debías ir y yo recuerdo que alguien te dijo, con Ángelo Medina no. ¿Cómo son las relaciones ahora con Ángelo?"(Esto deja ver que nombró a Ángelo Medina como su nuevo manejador y alguien dijo: no, por alguna razón, yo me imagino que ese fue Gustavo Sánchez)

Chayanne: "No puede ser, pero si con Ángelo yo siempre he tenido una relación, inclusive estoy loco por verlo porque ha estado en toda mi Carrera, Ángelo. Me recuerdo cuando yo tenía doce años, trece años que íbamos con Los Chicos no solo a Guatemala, Costa Rica y él venía de Road Manager. De esa no me acuerdo, le tengo un cariño a Ángelo grandísimo."

Milly: "Yo sé que fueron tus papás los que decidieron

al final."

Chayanne: "No, no, eso fue entre Gustavo y Ángelo, eso fue otra cosa."

Milly: "¿Otro traqueteo?"(algodeshonesto)

Chayanne: "Si, otro traqueteo."

Milly: "Ves, ahí tienes otra cosa que no le has dicho a la gente."

Chayanne: "Eso yo no lo he dicho, pero Ángelo a mí me ayudó en la Carrera con mi mami, cuando estaba con mami que yo me iba a hacer ejercicios, Milly de Gimnasia o me iba a hacer con Leonor Constanzo. Que en paz descanse. También me iba a las clases con ella y Ángelo financió todas esas" …… interrumpe Milly y cambia el tema.

Han pasado treinta y dos años desde aquel 22 de agosto de 1983 cuando Los Chicos estando en plenitud de ascenso en su carrera meteórica de éxito decidieron romper abruptamente el grupo y lanzarse al vacío y sin paracaídas. La historia dejó como único sobreviviente de aquel suceso abrupto e inesperado a Chayanne en una Carrera de largos años de éxitos artísticos hasta el día de hoy. Todavía la gente se pregunta: ¿Por qué Tony, que era el qué más cantaba del grupo nunca pudo seguir como solista y el por qué se rompió el grupo de esa manera tan abrupta? También se preguntan, ¿por qué no continuó el Retorno, que se hizo 15 años más tarde a principios del 1999? Todas esas preguntas se las vamos a contestar en este libro.

Durante esos treinta y dos años de historia yo he mantenido silencio sobre, ¿cómo y el por qué ocurrieron los hechos en el desenlace final de las intrigas de Los Chicos originales, sus cantantes Tony y Chayanne y los qué traicionaron mi lealtad? La razón principal de este silencio fue porque le firmé un acuerdo de relevo a Gustavo Sánchez seis meses más tarde de romperse el grupo donde me comprometía a no hablar de estas cosas para no hacerle daño a Chayanne en su carrera y segundo porque desconocía las barbaridades que hizo Ángelo para romper el grupo Los Chicos y en el que Gustavo resultó ser su cómplice sin yo saberlo. Hasta esta entrevista de Chayanne, que le hizo hace poco la periodista Milly Cangiano.

Su primer gran concierto

Por SANDRA RENTAS TORRES
Redactora de Por Dentro

"A TODO EL MUNDO le llega una gran oportunidad y ésta es la nuestra", dicen llenos de entusiasmo "Los Chicos", la nueva agrupación de voces juveniles que con sólo año y medio de formada ha cosechado grandes éxitos internacionales y que debuta este domingo en la plaza local de mayor prestigio en este momento: el Centro de Bellas Artes.

Tony, Migue, Ray y Chayanne son como un torbellino. Recién iniciados en la adolescencia, en ellos impera la inquietud que caracteriza a cualquier muchacho de esta edad. Nos encontramos en el estudio de Leonor Constanzo, encargada de la coordinación general y la coreografía del espectáculo. Ray se puso a tocar el piano, Tony, por otro lado, ayudaba a instalar el equipo de música, Migue se me escapó de la vista por un rato y mientras Chayanne, el más comunicativo de los cuatro en esta ocasión, se mantuvo a mi lado en todo momento.

Reunirlos a todos y lograr que me pusieran atención por unos minutos fue una gran hazaña pero, una vez juntos, "Los Chicos" recordaron su "papel" de artistas, dejaron atrás sus chiquilladas y demostraron haber asimilado muy bien la disciplina impuesta por su director y representante, Carlos Alfonso Ramírez.

¿ESTA LO SUFICIENTE madura la carrera de "Los Chicos" como para presentarse al exigente público que asiste a Bellas Artes? Es Chayanne quien responde presuroso con un sí definitivo. "Estamos muy bien acoplados y nos sentimos preparados para afrontar esta responsabilidad". "La mayor prueba de ello es el éxito que tuvimos en nuestra reciente gira a Centroamérica", agrega Ray refiriéndose a sus presentaciones en Caracas y en Panamá. En este último país estuvieron en el Centro de Convenciones de Altiapa y en el "Nuevo Panamá", donde reunieron a un numeroso público que los aclamaba como a la agrupación del momento.

"Fueron experiencias bien lindas. Cuando Chayanne cumplió 14 años, más de 500 personas le cantaron cumpleaños a coro. En todas partes nos reconocían y nos asediaban. A veces no podíamos salir del hotel porque la fanaticada que nos esperaba a la entrada nos "ataca". En una ocasión el público hasta destrozó seis carros por llegar a nosotros", cuentan los muchachos.

¿Se sienten halagados de que por su causa ocurran estos desastres? "En realidad no nos gustaría que pasaran cosas malas pero, cuando suceden cosas así nos damos cuenta de la aceptación que tenemos. Nuestros fanáticos son los más importante para nosotros y si ellos quieren hacernos saber que gustamos, que se expresen como puedan", dicen.

SU CARRERA Y EL EXITO obtenido han obligado a "Los Chicos" a cambiar su ritmo de vida. La mayor parte del tiempo la pasan cumpliendo compromisos, ensayando, entrenando sus voces con el maestro Juan Luis Barry y estudiando con profesores particulares, ya que han tenido que dejar la escuela por el momento.

Es de conocimiento general que existe el comentario de que con el auge que han tenido últimamente las agrupaciones como ésta, muchos productores están explotando a la juventud para beneficiarse económicamente. ¿Cómo se sienten "Los Chicos" con respecto a este rumor?

Es Tony quien toma la palabra. "En nuestro caso eso no tiene nada de cierto. Todos ganamos buen dinero, disfrutamos de lo que hacemos y hasta tenemos tiempo libre. Vivimos como todo niño normal con la excepción de que tenemos un trabajo que cumplir y en cuanto a ésto, tenemos que pensar como personas mayores".

En el tiempo libre que alegan tener, cada uno de "Los Chicos" se dedica a hacer lo que más le gusta, después de actuar, claro está. Ray se la pasa corriendo bicicleta, mientras Tony se dedica a leer. "Me leo todos los periódicos y además me gustan los libros de historia", comenta. Migue, con el dinero que ha ganado, se compró una motora en la que pasea por los alrededores de su casa y Chayanne dice que prefiere compartir con su familia. "Y además les enseño a estudiar a mis hermanos menores", agrega.

ESTOS JOVENCITOS son sumamente cariñosos y agradecidos. Están conscientes de que el grupo "Menudo" abrió el camino para las agrupaciones juveniles y aunque no conocen personalmente a sus integrantes, les desean lo mejor. "Que sigan adelante porque hay plaza para todos. Es más, a veces pienso que hasta podría planearse un espectáculo en el que nos presentaríamos todos los grupos juntos", comenta Chayanne.

El concierto de Bellas Artes estará dedicado a todo el pueblo puertorriqueño y en el mismo darán a conocer el contenido de su segundo disco titulado "Los Chicos", del cual ya comienza a destacarse como favorita la pieza "Ave María", de Manuel Alejandro. Por otra parte, la mayoría de las interpretaciones de "Los Chicos" llevan letra y música de Eric Laboy.

Esta producción de Angelo Medina y Carlos Alfonso Ramírez tendrá a Fernando Agulló como encargado de luces, escenografía y director técnico general. El sonido estará a cargo de Ramón Martínez y el vestuario es de Frank Elias. Dos funciones este domingo a las 2:00 y 8:00 P.M. en la Sala de Festivales.

La carrera meteórica de Los Chicos de P.R. apenas había comenzado el día de las madres 9 de mayo del 1982 en

Venezuela y ya el domingo 27 de agosto de 1982 estaban presentándose en dos funciones en la Sala de Festivales de Bellas Artes de San Juan, Puerto Rico.

Curiosamente hoy voy a hablarlas porque en esa entrevista con Chayanne de Milly Cangiano, me enteré por primera vez que fui engañado doblemente, primero porque me engañó al abandonar el grupo de forma abrupta a pesar del contrato que me habían firmado sus padres y segundo porque Gustavo Sánchez me engañó al firmarle el acuerdo de relevo. Ese relevo yo lo otorgué de buena fe porque no hubo compensación económica hacia mi persona. Yo le estaba dando el relevo del contrato completamente gratis a Gustavo Sánchez Más para que Chayanne pudiera seguir con su Carrera de cantante.

¿Cuál fue la razón principal, del por qué yo lo estaba haciendo? Era porque Gustavo Sánchez no estaba envuelto en la polémica y las razones por las cuáles Chayanne había abandonado el grupo de forma tan abrupta y de mala fe rompiendo su contrato con Los Chicos Inc. En esta entrevista Chayanne confesó que Gustavo Sánchez estaba en el traqueteo con Ángelo Medina quién a la vez era mi empleado y yo estaba convencido de que Ángelo Medina le había conseguido a Chayanne el contrato con Ariola- México para grabarlo y lanzarlo de solista en violación del contrato que tenía conmigo. Como ven esto era un acto de traición a los acuerdos de ambos, Chayanne y Ángelo Medina por separados conmigo. En aquel entonces esa era mi percepción, pero no lo podía probar ya que Ángelo Medina jamás se ha vuelto a involucrar con la carrera artística de Chayanne públicamente. Hasta que ahora

Chayanne lo hace público en la entrevista con Milly Cangiano y me hace ver con toda claridad que fue lo que aconteció y puedo probar más allá de duda razonable.

A mediados de agosto de 1982 llegué a un acuerdo con Luisito Rey en P.R. para hacer el tercer LP de Los Chicos en los estudios de Emi Capítol México. Foto abajo izq. Carlos Alfonso, Ángelo Medina, Luis Miguel y Luisito Rey a la derecha Luis Miguel y Tony. Arriba izq. Luisito Rey, Grace Fontecha y Luis Miguel al lado derecho Los Chicos vestidos de bomberos en Guatemala. En nuestra primera visita a México en oct. 82 para participar en el programa América esta es tu Canción animado por Raúl Velazco, Siempre en Domingo y firmar con Melody Records de Televisa para la distribución de nuestros discos en México. De México Los Chicos continuaron a Guatemala a finales de oct.82

El domingo 19 de septiembre de 1982 se presentaron en Plaza Carolina en Puerto Rico y el show duró menos de un minuto cuando la multitud se enardeció y pusieron en riesgo sus vidas.

A tres meses de haber ido a Guatemala en promoción fueron a actuar en octubre de 1982 logrando un impresionante éxito.

El éxito de Los Chicos de Puerto Rico en Guatemala fue de tal magnitud que más de 35,000 personas fueron a recibirlos a su llegada al aeropuerto La Aurora y en su recorrido por la capital de Guatemala hasta el Hotel Camino Real. Finales octubre 1982.

Pero como dice la periodista Carmen Jovet de Puerto Rico "Ahora Podemos Hablar"

Sin dudas las expresiones de Chayanne que escuché por primera vez anoche me dejaron atónito. Con su boca de comer Chayanne dijo: "Ángelo Medina financió, estuvo y ha estado presente siempre en mi Carrera y traqueteó con Gustavo Sánchez Más los hechos" refiriéndose por supuesto a Ángelo Medina hijo quien era mi asistente en el manejo de Los Chicos de Puerto Rico.

Hasta este momento en que escribo, yo percibía y estaba convencido que Ángelo Medina hijo le había conseguido a Chayanne el contrato con la compañía Ariola en México para grabarlo como solista y había sido el causante del rompimiento abrupto de Los Chicos. Pero una cosa es la percepción y mi convencimiento y otra es tener evidencia de la verdad sin que queden dudas de los hechos ocurridos. Ángelo Medina había provocado un acto de deslealtad torticera que arruinaba un inmenso negocio en crecimiento como Los Chicos e inclusive puso en riego la carrera individual de cada uno de sus integrantes incluyendo al propio Chayanne. Todos ellos estaban bajo contrato conmigo como partes del grupo y de forma individual como solistas. Entre las cosas interesantes que dijo Chayanne en la grabación es que Gustavo Sánchez era parte de ese traqueteo que yo desconocía. Dice un refrán entre abogados "A confesión de parte relevo de pruebas" Y esto es lo que ha pasado aquí treinta y dos años después de los hechos, en donde Chayanne y su abogado se pusieron de acuerdo con Ángelo Medina para romper su contrato con Los Chicos de forma abrupta y con eso romper el grupo Los Chicos para poder hacer Carrera de solista. En su conspiración o traqueteo usaron a los padres de Migue y de Rey para hacerles creer que las motivaciones de Chayanne eran que el grupo se mantuviera junto con otro nombre bajo la tutela de Ángelo Medina y no mía como me afirmó Ernesto Porras. Esto se utilizó como excusa falsa de sus verdaderos propósitos ya que la organización de Los Chicos de la cual yo era el dueño había decidido sustituir a Migue por Alex Rodríguez debido a su edad. El propósito era ir transformando el grupo para mantenerlo en una edad de niños e ir lanzando como solistas a aquellos que tuvieran el talento como Chayanne y Tony. De esta forma falsa el abogado de Chayanne les ocultó a los padres de Migue y de Rey el contrato de Ariola que ya le habían ofrecido a Chayanne para lanzarse de solista. Todo esto se destapó en un viaje que hicimos a Los Ángeles. CA. en medio de la filmación de la película Conexión Caribe en la República Dominicana. En ese viaje llevamos al periodista Iván Frontera que se comportó como si Ángelo Medina lo hubiera contratado para llenarles la cabeza de humo a los integrantes de Los Chicos. Allí les dijo: "Cómo ustedes siendo estrellas permiten que los lleven a comer a Burguer King?" y cosas por el estilo. Los Chicos no estaban de acuerdo con la salida de Migue del grupo. A esos efectos en su ignorancia comenzaron a conspirar y a uno de ellos se le ocurrió la magnífica idea de hacer una huelga temporera para protestar. Por eso en el avión de regreso se pusieron de acuerdo para no asistir a terminar de filmar la película sin saber que ya esa decisión la habían hecho sus padres. Llegamos a Puerto Rico haciendo escala a Santo Domingo en la mañana del 22 de agosto de 1983, pero como era el cumpleaños de Tony les di permiso para irnos al otro día y así celebrar el cumpleaños de Tony en Puerto Rico junto a su familia. Esta acción les permitió a Rey, Migue y Chayanne realizar su objetivo de huelga. En el principio estaban envueltos los cuatro, pero Tony se percató que algo anormal estaba sucediendo y se enteró en el ínterin que Ángelo, pretendía lanzar a Chayanne de solista y que la gira que estaba pautada al Ecuador sería con Ángelo Medina y no conmigo. Tony que era muy inteligente se dio cuenta que lo de la huelga se le había salido de las manos y de sus objetivos, que era que Migue permaneciera en la agrupación. En esencia se trataba de un Golpe de Estado preparado por Ángelo Medina para favorecer sus intenciones con Chayanne. Esto hizo que Tony apareciera al otro día al aeropuerto junto con Alex para ir a Santo Domingo y fue así que rompió su compromiso con Rey, Migue y Chayanne para no asistir a Santo Domingo. Al Rey, Migue y Chayanne no aparecer al aeropuerto comprendí que me estaban dando un Golpe de Estado e inmediatamente decidí por un plan B. Tenía conmigo a Tony y Alex traje a mi hijo Alejandro y la relacionista pública me trajo a Tico. Tres meses más tarde el licenciado Andrés Montañez Coss hizo una conferencia de prensa donde crearon una campaña de falsedades y descrédito contra mi persona para crear el caos por la ruptura de Los Chicos y de esta forma justificar sus acciones absurdas. No obstante Ángelo utilizó a un tercero llamado Gustavo Sánchez que no existía en las cercanías del grupo para solicitarme el relevo que le exigió la compañía Ariola de parte mía y así poder grabar a Chayanne como solista. Por eso hoy Chayanne acepta el traqueteo que hubo entre Gustavo y Ángelo con la seguridad que después de tanto tiempo no lo pueden penalizar por tal acción. Tiempo después Gustavo le hizo a Ángelo lo mismo que Ángelo me hizo a mí y se quedó con el contrato de Chayanne como su representante artístico ya que fue a Gustavo a quien yo le otorgué dicho contrato. Es cierto que el tiempo transcurrido es enorme, más de treinta y dos años de los hechos pero las demandas por daños y perjuicios se vencen un año después en que un perjudicado adviene en conocimiento de la persona que le causó los daños. Yo tenía la percepción que había sido Ángelo, pero no lo podía probar porque Ángelo jamás se ha vuelto a involucrar con Chayanne en nada hasta que Chayanne hace esta confesión pública ahora, después de treinta y dos años. Ángelo Medina había planificado el caos dentro de la organización de Los Chicos. Su primera acción fue llevar a Chayanne a una audición de RCA-Ariola México en Mayo de 1983. Su segunda acción fue quedarse con miles de dólares de la gira por México y otros países alegándole a los integrantes del grupo que era en promoción para no pagarle y quedarse con el dinero. Su tercera acción fue convencer a los padres y al abogado de ellos que él podía manejar el grupo sin mí, una vez obtuvo su aprobación llamó a Ernesto Porras en Guatemala y Patricelli en Ecuador para informale el cambio de mando en la organización de Los Chicos.

Por su parte Chayanne luego de haber hecho la audición con Ariola en México en una gira por ese país de Los Chicos en mayo de 1983 y haber llegado a Puerto Rico en junio de 1983 grabó el programa de televisión dedicado a los padres el tercer domingo de junio de 1983 pero el único padre que no apareció al programa fue su papá, Don Quintino Figueroa. (ver programa oficial de Los Chicos Homenaje a los padres en Youtuve) Luego el sábado 9 de julio de 1983 su mamá Irma Arce de Figueroa no lo dejó hacer un show en Ponce , Puerto Rico en el Coliseo Pachín Vicens de Ponce con lo cual nos creó serios problemas (ver página 93 de este libro) El 22 de agosto de 1983 Chayanne ejecutó su intención desde mayo de 1983 de desligarse de Los Chicos de Puerto Rico para hacer Carrera de solista sin decirle a sus compañeros ni a mi sus verdaderas intenciones.

De Guatemala, Los Chicos de Puerto Rico pasaron a Costa Rica siendo recibidos con igual locura y entusiasmo, paralizando la capital de dicha nación San José. La Nación 11/17/82

Miles de fanáticas se apostaban frente a la Calle del Hotel Balmoral en Costa Rica. Prensa Libre 16/nov/82.

De Costa Rica, Los Chicos llegaron a Panamá en noviembre de 1982 donde los panameños llenaron el Nuevo Panamá con más de 10,000 personas y el Centro de Convenciones Atlapa. También, Los Chicos visitaron por primera vez en esta gira los países de Honduras, El Salvador en octubre del 82 y Ecuador después de Panamá en noviembre para hacer promoción. Una vez terminaron en Ecuador regresaron a Puerto Rico.

Ocho meses después de haber ocurridos los hechos en agosto 22 del 83 yo le di un relevo a Chayanne y a sus padres, a través de Gustavo Sánchez Más para no demandarlos y para que Chayanne pudiera continuar con su carrera artística. Gustavo Sánchez no trabajaba conmigo ni era parte de nada de lo que había pasado con anterioridad. Una vez Ángelo Medina logró romper el grupo necesitaba un relevo que había exigido Ariola para grabarlo como solista. Yo hasta anoche desconocía que Gustavo Sánchez fue utilizado como parte del plan organizado por Ángelo para lanzar a Chayanne de solista. Gustavo se presentó ante mí para explicarme que los padres de Chayanne lo habían escogido para ser su nuevo representante artístico de ese momento en adelante. Yo le expliqué que Chayanne tenía un contrato conmigo de solista y que si a él le interesaba yo se lo vendía. Me dijo que no tenía dinero y que Ariola estaba solicitando ese relevo. Ante la alternativa de que Chayanne no quería continuar en el grupo y no quería que yo lo representara como solista la única alternativa que me quedaba era actuar de buena fe o de mala fe en dar o no dar dicho relevo. Después de varias semanas de conversar entendí que Gustavo Sánchez no tenía nada que ver con el acto de mala fe torticera en que había incurrido Ángelo, en complot o conspiración con el abogado Andrés Montañez Coss y tres de los padres de los integrantes de Los Chicos. (Rey, Migue y Chayanne) Chayanne después de todo y visto desde mi punto de vista en ese momento, era víctima inocente de un hombre mayor inescrupuloso y su propio abogado que tenía un conflicto de intereses al representar legalmente a todos los integrantes de Los Chicos y estaba actuando en beneficio de "Chayanne" en contra de Tony, Migue y Rey, estos tres fueron usados por el abogado para sus propósitos antiéticos. Esta entrevista de Milly Cangiano en la cual Chayanne dejó ver que hubo un traqueteo o una conspiración entre Ángelo Medina y Gustavo Sánchez para determinar su futuro artístico no deja dudas de su acción torticera. De esta manera lograron la destrucción de Los Chicos sin consecuencias para ellos y así beneficiaron a Chayanne en contra de sus otros tres compañeros. Curiosamente Gustavo Sánchez le estaba haciendo lo mismo a Ángelo Medina que Ángelo me había hecho a mí, porque con el relevo en mano que yo le regalé se quedó como titular del contrato exclusivo de Chayanne aunque había sido Ángelo Medina el que había conseguido el acuerdo con Ariola y por supuesto el adelanto de regalías que se deben haber repartido entre ambos y por lo que Chayanne catalogó de traqueteo porque de seguro no le dieron nada a Chayanne. Esto me causó mucho malestar a pesar de los años que han pasado. Yo no podía creer lo que escuché porque en esencia el daño causado que era enorme no era únicamente contra mí, sino contra Tony el que más cantaba del grupo y vio su carrera frustrada por culpa de lo ocurrido, además de las angustias mentales que esto le causó. Hoy la mamá de Tony me cuenta con pena y con nostalgia de dolor los días de angustias mentales que Tony pasó por culpa de esto y que lo hizo inscribirse en el ejército de los Estados Unidos que lo llevó a la guerra del Golfo llamada Tormenta en el Desierto. Me dijo Ruth Cedeño que Tony estaba muy triste y desesperado, se veía perdido y lleno de angustias mentales hasta que no pudo más y optó por enlistarse de voluntario en el ejército de los Estados Unidos de América. Chayanne por su parte logró salir airoso gracias al relevo que le otorgué a Gustavo Sánchez.

Esta situación causada por Ángelo Medina y el abogado Andrés Montañez Coss, le causó daños tanto a Tony y su familia como a mí. Si bien es cierto que Chayanne salió airoso también le pudo ir muy mal si yo no hubiera firmado el relevo. Este relevo que le firmé a Gustavo eximía a Chayanne y sus padres de posibles demandas. El propio relevo provee en su cláusula final que el mismo quedará nulo automáticamente si yo incumplía con cualquiera de las disposiciones de sus cláusulas. Por lo tanto con este incumplimiento estamos en completa libertad de proceder con este reclamo moral además de que el relevo fue nulo de su faz. La cláusula final del relevo lee así: "Las partes repiten su firma a continuación a los fines de consignar que cualquier violación a cualquiera de las cláusulas de este acuerdo por parte de Carlos Alfonso Ramírez y/o su representante autorizado significa la total e inmediata nulidad de este contrato para todos los efectos legales." Este relevo nunca fue valido ya que los papás de Chayanne no lo firmaron.

A pesar de que el relevo era nulo de su faz, yo nunca actué para anularlo dentro del periodo de 15 años que concede la ley para actuar. Eso se debió a que no es hasta ahora que yo me entero de lo que en realidad pasó en toda esta historia de intrigas. Obviamente me cogieron de tonto y eso no es fácil de aceptar, pero es la realidad dolorosa. Me hubiera gustado que hubiese sido de otra forma o manera elegante en que se hubieran dilucidado estos hechos. La realidad es que estaba tratando con un gánster inescrupuloso (Ángelo Medina) al que traté como un amigo, hermano o hijo que le ofrecía consejos para no hacer cosas indebidas de las que luego se tuviera que arrepentir. Ángelo era un lobo vestido de caperucita. Era el perfecto amigo al que le di toda mi confianza para luego traicionarme por la espalda. Ciertamente su sonrisa y admiración por mí me cautivaron para luego darme la puñalada trapera

---

EXHAIBIT NUM. 10

A C U E R D O

YO, Carlos Alfonso Ramírez, mayor de edad, comerciante y vecino de San Juan, Puerto Rico declaro, certifico y autorizo lo siguiente:

1. Que mi nombre y demás circunstancias personales son las antes consignadas.

2. Que soy el dueño absoluto del grupo Los Chicos y de Los Chicos, Inc. y de otras compañías y corporaciones relacionadas con el grupo Los Chicos.

3. Mediante la presente certifico que tnego el contrato de Elmer Figueroa ARce conocido artísticamente como Chayanne y que lo tengo mientras el fuere miembro de Los Chicos y después si el deseaba lanzarse como solista.

4. Que por la presente rescindo todo tipo de contrato ya sea escrito o verbal conmigo o con cualquier otro representante mío.

5. Que de ahora en adelante no tendré nada que ver con Chayanne ya sea en su vida artística o en su vida privada.

6. Que no devengaré ningún tipo de beneficio de lo que Chayanne haga desde el día de hoy.

7. Que no pondré ningún tipo de impedimento u obstáculo a la nueva carrera de Chayanne ya sea obstáculo económico o haciéndole cualquier tipo de mala publicidad ya sea en público o en privado.

8. Que retiraré todo tipo de demanda que le haya formulado en su contra ya sea como individuo o como miembro del grupo Los Chicos con perjuicio.

9. Que desde el día de hoy reconozco y autorizo a Chayanne a manejar su vida artística como él lo considere oportuno y/o a sus padres al él ser menor de edad.

10. El Sr. Gustavo Sánchez Más figura en este acuerdo a los efectos de consignar su total y absoluta aceptación a todo lo antes manifestado debido a que el ha sido nombrado su agente con exclusividad de Chayanne para realizar todas las gestiones necesarias pertinentes o correspondientes en pro de Chayanne como artista o cantante con todas las prerrogativas, derechos y obligaciones y con la autorización explícita y expresa y la facultad legal necesaria para poder contratar con cualquier agente, agencia, representatne, entidad cívica, pública y privada, en fin todo tipo de actividad sin limitación de clase alguna y a su entera discresión y opción.

11. Y ahora Yo, Carlos Alfonso Ramírez relevo personal y legalmente total y absolutamente ahora y para siempre a Elmer Figueroa Arce (Chayanne) y/o a sus padres Quintino Figueroa y Irma Luz Arce de Figueroa y/o a su agente Gustavo Sánchez Más y/o a su abogado Lic. Ramón A. Cestero, Jr. de toda responsabilidad anterior, presente y posterior relacionado con todo lo antes consignado.

PARA QUE ASI CONSTE suscribo la presente llibre y voluntariamente en el pleno uso de las facultades mentales y legales con pleno conocimiento y consentimiento de todo l o antes consignado.

En san Juan, Puerto Rico a / de ||,, de 1984.

CARLOS ALFONSO RAMIREZ

Ratificado por: _____
Gustavo Sánchez Más

Continuación):

Las partes repiten su firma a continuación a los fines de consignar que cualquier violación a cualquiera de las cláusulas de este Acuerdo por parte de Carlos Alfonso Ramírez y/o su representante autorizado significa la total e inmediata nulidad de este Contrato para todos los efectos legales.

PARA QUE ASI CONSTE suscribo la presente libre y voluntariamente en el pleno uso de mis facultades legales con pleno conocimiento de todo lo antes consignado.

En San Juan, Puerto Rico, a   de   de 1984.

CARLOS ALFONSO RAMIREZ

Ratificado por: Gustavo Sánchez Más

Affidavit número 3559

Jurado y suscrito ante mí por don CARLOS ALFONSO RAMIREZ, mayor de edad, casado, comerciante y vecino de Bayamón, Puerto Rico, a quien DOY FE de conocer personalmente.

En San Juan, Puerto Rico, a 27 de mayo de 1984

NOTARIO PUBLICO

El 3 de diciembre de 1982 Los Chicos llegaron a S. J., Puerto Rico desde Ecuador. Ya en Puerto Rico grabaron varios programas de televisión y se presentaron en el Coliseo Roberto Clemente el 19 de diciembre de 1982. De Puerto Rico partieron en promoción a la República Dominicana por tres días. El Nuevo Día, por Elsa Fernández Miralles. sábado 4/diciembre 1982

Portada Revista Estrellas del 3 al 16 enero de 1983. En el cumpleaños de Katiria la hija de su compañera Iris Chacón en WAPA TV Canal 4, en Puerto Rico y con José José en México en octubre del 1982.

¿Cómo comenzó todo esto? Los Chicos eran un grupo de cuatro jóvenes puertorriqueños que alcanzaron su fama a principio de la década de los ochenta. Estos cuatro jóvenes cuyos nombres son Elmer Figueroa Arce, mejor conocido por (Chayanne), Héctor Antonio Ocasio Cedeño mejor conocido por (Tony), José Miguel Santa mejor conocido por (Migue) y Reynaldo Díaz Santos mejor conocido por (Rey). Estos cuatro jóvenes habían comenzado siendo aficionados bajo la tutela de Waldo Montañez, Erick Lavoy y el papá de Rey Díaz quien me vendió los derechos del grupo en diciembre de 1981. Hasta ese momento habían grabado un disco que no había salido al Mercado

el cuál compré en la transacción. Erick Lavoy era la persona que les montaba las armonías de voces cuando me fueron a ver para interesarme en el grupo. Ellos me cantaron a capela o sin música y yo quedé impresionado y convencido inmediatamente de su calidad vocal. De manera inmediata, comencé el proceso del lanzamiento artístico de Los Chicos en el arte de cantar. En ese entonces yo era editor y dueño de la Revista Estrellas dedicada a información y comentarios de farándula lo que me facilitó el proceso de no ser conocidos hasta llevarlos a la fama en tiempo record. Ellos, (Los integrantes de Los Chicos) eran estudiantes normales de la escuela pública de Puerto Rico y preparé su lanzamiento para cuando comenzaran las vacaciones de verano, en mayo de 1982. Preparé un plan de trabajo con mi amigo Tomás Fundora quien era editor de una revista muy importante del mundo discográfico Internacional. Tomás lo había ido a ver un amigo de Venezuela llamado Luis Gerardo Tovar quien tenía las mismas intensiones mías con un grupo que él tenía que se llamaba Unicornio. Tomás me dijo voy a llamar a Luis Gerardo para que lo conozcas, así él te puede ayudar en Venezuela con tu grupo y tú lo ayudas en Puerto Rico con el grupo de él. De esta forma nos reunimos Luis Gerardo y yo y planificamos la ida a Venezuela de Los Chicos el segundo domingo de mayo de 1982 (Día de las madres) para su lanzamiento Internacional.

Mientras tanto Héctor Marcano, director de programación de la radio más importante de Puerto Rico (KQ 105) me presentó a Ángelo Medina hijo que era un muchacho que trabajaba en ese entonces como Road Manager de José José pero quería regresar a trabajar en Puerto Rico dónde se encontraba su novia con la cuál contrajo nupcias más tarde. Contraté a Ángelo Medina hijo y me lo traje a trabajar conmigo. Le expliqué mi plan para irnos a Venezuela y lo envié a Panamá a reunirse con Byron Gálvez y Ernesto Porras quienes eran el presidente y Gerente de ventas de Discos de Centro América. Mientras yo estaba en Venezuela con Los Chicos, Ángelo Medina negociaba en Panamá la ida en promoción del grupo a Centroamérica. Ángelo me llamó de Panamá y me dijo: "mira Byron está muy interesado en traerlos de Venezuela a Panamá a hacer promoción y lo consultó con Telemetro Canal 13. Ellos están dispuestos a pagar la estadía y los viáticos, pero tú los tienes que traer a Panamá desde Venezuela o sea que yo pagaba los pasajes y ellos se encargan del resto."

Le dije: "No hay problemas dile que de aquí en Venezuela nos vamos a Panamá." Así lo hicimos, fuimos a Panamá, Costa Rica y Guatemala en promoción sin todavía ser conocidos en Puerto Rico. Ángelo Medina se encargó de la gira de promoción mientras yo me fui a Puerto Rico y cuadré con mi amigo Santiago Rubín (gerente de ventas de Wapa Televisión canal cuatro) dos programas semanales de televisión, a las 6:30 de la tarde después del noticiero diario. Así que cuando Los Chicos regresaron a Puerto Rico de la promoción en Centroamérica hicimos el piloto del programa de televisión y grabamos el segundo disco donde estaban incluidas las siguientes canciones

1-Puerto Rico, 2-Ave María, 3-Frente al Mar, 4-Será porque te amo, 5-Mama Mia, 6-Pensando en Ti, 7-Heidy,

8-El Tambor de la Alegría, 9-Pues a Bailar y 10-Carol. Recuerdo que cuando grabamos el piloto del programa de televisión en Wapa comencé a tener problemas con los padres de Chayanne ya que la tarde en que se grabó el programa piloto sus padres prefirieron llevárselo a un cumpleaños en Santa Juanita en Bayamón que llevarlo al canal de TV. para hacer el piloto. Recuerdo que eran las cinco de la tarde hora del tapón (tranque o cola de automóviles) en Puerto Rico. A esa hora de la tarde tuve que salir a buscarlo en el sitio que se encontraba para hacer dicho piloto.

Con posterioridad hicimos un comercial de Malta Corona donde habían más de cien personas trabajando. Ese día el chofer fue a buscar a los integrantes de Los Chicos para hacer el comercial, pero la mamá de Chayanne (QPD) no lo dejó ir. La cita era para las siete de la mañana y eran las diez de la mañana cuando yo tuve que viajar a San Lorenzo para buscarlo en contra de los deseos de su madre. De hecho, hoy viendo los videos que Tony me prestó me percato por primera vez que Chayanne no apareció en el comercial. En otra ocasión teníamos un show en la ciudad de Ponce en Puerto Rico, pero de igual forma su mamá no lo dejó ir porque supuestamente tenía problemas con las plaquetas en la sangre. Obviamente ella no era Doctora para saber si eso era correcto en ese momento en específico. Pero ella así lo determinó y por tratarse de un problema de salud no pudimos hacer el show. Hoy viendo todo esto en retrospectiva me doy cuenta que ese show fue en julio de 1983 y ya Chayanne desde mayo de 1983 había ido con Ángelo a una audición a RCA-Ariola México para lanzarse de solista. Hoy esto me crea la malicia que en ese show ya a ellos no les importaba lo que pasara con Los Chicos. Todo lo que aconteció con Los Chicos en las giras de promoción lo reseñábamos en las portadas de la revista Estrellas, que era de mi propiedad. Comenzamos a grabar los programas de televisión y la popularidad del grupo creció como la espuma, pero necesitábamos grabar más canciones para alimentar el programa de televisión. Así que me puse en comunicación con Luisito Rey el papá de Luis Miguel para grabar un tercer disco o LP como le llamaban entonces. Los Chicos viajarían a México para presentarse en Siempre en Domingo en el programa América esta es tu Canción con Raúl Velazco en octubre del 1982. Mientras tanto comenzamos el programa de televisión en Puerto Rico y rápido se convirtió en un programa de mucha audiencia con 27 puntos de rating. Así en agosto de 1982 se nos presentó la oportunidad de actuar en el Centro de Bellas Artes de Puerto Rico. Antes de salir a México nos presentamos el domingo 19 de septiembre de 1982 en Plaza Carolina un Mall de Puerto Rico, la actividad fue al aire libre y el show duró menos de un minuto por el frenesí de la multitud que allí se congregó. Ya en México en los estudios de Emi Capítol bajo la dirección de Luisito Rey grabamos el tercer LP que incluyó las siguientes canciones: 1 El amor Viva el Amor, 2 Niña, 3 Tengo Amigos, 4 Canta, Canta, Canta, 5 Los Chicos, 6 Vuelvo Aquel lugar, 7 Viva la Verdad, 8 Aquel Tibio Verano, 9 Baila Muchachita, 10 Lagrimas. Mientras grabábamos Ángelo Medina se adelantó e hizo arreglos con Melody México para que se convirtiera en nuestra compañía disquera en México y preparó la gira de presentaciones en Guatemala, Costa Rica y Panamá con promoción en Honduras y El Salvador.

Estuvimos de promoción dos semanas en México y grabando el tercer disco antes de partir a Guatemala en octubre de 1982 a cosechar el trabajo ya hecho en promoción en julio del 1982. Aún tengo el recuerdo vivo en mi memoria que cuando llegamos a Guatemala desde México el piloto del avión nos dijo por el alta voz: "Los Chicos y su delegación favor de no bajarse del avión con los demás pasajeros. Tienen que esperar a que le demos instrucciones." Cuál no sería nuestra inmensa sorpresa al bajar del avión y ver miles de personas que nos esperaban y que habían abarrotado el aeropuerto. Eran miles y miles, de hecho, se comparó la llegada de Los Chicos a Guatemala con la llegada del Papa o Santo Padre de la Iglesia Católica. Sin exagerar eran más de 35,000 personas esperándonos y aquello era Un mar de gente y un verdadero acontecimiento en la trayectoria al hotel Camino Real. Todas las presentaciones de Los Chicos se vendieron en minutos al ponerse en venta adelantada. Aún recuerdo la presentación en

el Palacio de Deportes, era como una especie de coliseo cerrado. Adentro la gente apiñada no cupo y afuera no había por donde entrarlos a hacer el show. Era algo de locos y no teníamos forma de ingresarlos para hacer el show por la cantidad de gente que se encontraba en la parte de afuera. Entonces a alguien se le ocurrió vestirlos como bomberos con unos uniformes que le habían regalado los bomberos de Guatemala. Fue así con los cascos de bomberos puestos y con dos camillas que pasaron entre la multitud sin que se dieran cuenta como si fueran a ayudar en una emergencia. Al salir de Guatemala fuimos a Salvador y Honduras en promoción y Costa Rica a presentación. En Costa Rica pasó el mismo éxito que tuvieron Los Chicos en Guatemala. Recuerdo que nos quedamos en el Hotel Balmoral donde se paralizó el tráfico en la avenida Central. Rompieron record de ventas en las presentaciones y luego llegamos a Panamá donde se repitió la historia de éxitos de Costa Rica y Guatemala. Regresamos a P. R. y grabamos varios programas de T.V. y nos fuimos a Venezuela a hacer T.V. y promoción, ahí nos fuimos a Ecuador donde ocurrió la misma locura. Recuerdo en Manta que nos montamos en una avioneta y las fans corrían detrás de la avioneta. Luego llegamos a la República Dominicana en diciembre del 82 y ahí la locura ocurrió con la misma intensidad. Yo no podía creer lo que nos estaba pasando. Estábamos en presencia de un fenómeno del mundo musical del cuál no teníamos control. También en diciembre estuvimos en P.R. e hicimos el Coliseo Roberto Clemente el 19 de diciembre. Ya habían pasado seis meses desde que comenzamos y teníamos programada una gira que nos llevaría seis meses más fuera de P. R. Esta vez iríamos a Ecuador del 25 al 31 de enero, luego dos semanas en el interior de México en presentaciones luego a Puerto

Rico para grabar el cuarto disco de larga duración bajo la producción musical de Pepe Luis Soto. Este disco contenía las siguientes canciones

1-Bailando al Ritmo de la lluvia 2-Amor contigo amor 3-Vuelve 4 Te Estoy Buscando 5-Me he Enamorado 6-Mi Sueño 7- Ay Papa 8- Cuenta Conmigo 9-Y Cómo te Va 10- Hay que Esperar.

Luego fuimos a República Dominicana donde todas las presentaciones se llenaron a reventar de ahí al Madison Square Garden en Nueva York lleno a capacidad. De Nueva York viajaron a el Salvador y de ahí a Costa Rica el 30 de marzo de 1983 pasaron las vacaciones de Semana Santa en Costa Rica. (Aquí hago un paréntesis porque Tony dijo en el libro Mil Recuerdos Sus Historias que nunca tuvieron vacaciones y eso por supuesto fue totalmente falso. Creo que esta era la forma de exagerar y manipular las cosas a su favor de Tony desde que era niño. De hecho hubo un acontecimiento que marcó esas vacaciones y fue un tremendo terremoto que hubo en Costa Rica en ese momento.) De Costa Rica se fueron a Guatemala y Honduras después Los Chicos viajaron a Panamá y de Panamá viajaron a Colombia el 9 de mayo de 1983 por primera vez en promoción. En Colombia la multitud enardecida no los dejó hacer el show en Medellín. En ese momento Nelson Rodríguez quien fungía de Road Manager del grupo me llamó para contarme y entonces me vino un pensamiento de conmoción en el que me dije esto no lo detiene nadie. Este pensamiento fue el epitafio del mal agüero de un desastre por venir ya que tres meses más tarde el grupo original de Los Chicos dejaría de existir. Como no tengo poderes de adivino sin saberlo ante tal euforia me puse de acuerdo con Pepe Brugué quien era nuestro representante artístico en Panamá para financiar y hacer un álbum de estampillas de Los Chicos. Invertir en este álbum me costó mucho dinero, pero quién iba a imaginar que el grupo se rompería tres meses después con todo el éxito que estaba pasando con ellos.

Los únicos países que pudieron disfrutar de este álbum fueron Guatemala y Costa Rica.

Los Chicos de P.R. continúan con su éxito arrollador en 1983. Del 25 al 31 de enero se presentaron en Ecuador para luego ir dos semanas en febrero a presentaciones en el interior de México y Siempre en Domingo programa estelar de Raúl Velazco en Televisa. De México regresaron a Puerto Rico para grabar su cuarto LP bajo la dirección de Pepe Luis Soto. De Puerto Rico, viajaron a La República Dominicana.

En la República Dominicana Los Chicos de P.R. fueron todo un suceso como en todos los países anteriormente visitados. La popularidad de Los Chicos seguía creciendo como volcán en erupción. TV Guía por Papo Brenes. (Hoy 11 de marzo de 2017 Papo dejó su vida terrenal para ir a morar con el Señor, descansa en paz amigo y puedo dar fe que tus acciones en vida te hicieron acreedor du un pase a la gloria eterna.)

De la República Dominicana viajaron a Nueva York para presentarse en el Madison Square Garden junto al Chavo del 8 en un festival infantil. Revista Vea por Nelson del Castillo 3/13 de 1983.

La verdadera historia de los chicos de Puerto Rico

Los Chicos se presentaron en el Madison Square Gardens de Nueva York lleno a capacidad. El Reportero por Milly Cangiano jueves 10 de marzo de 1983.

"Según el recuento hecho y lo que todos hemos observado la escalada de Los Chicos no ha sido a pasos y sí a zancadas".

El Vocero por Elia G. Ramos sábado 12 de marzo de 1983.

La verdadera historia de los chicos de Puerto Rico 51

"Mientras se preparaban para el show los jóvenes ensayaban sus canciones y era interesante ver y oír a Leonor Constanzo y Grace Fontecha animándolos: "Ustedes son los mejores pruébenlo. Tienen que demostrar su talento y sobre todo tienen que representar a Puerto Rico con maestría, orgullo y profesionalismo" Y así fue cuando Los Chicos salieron a escena a cantarle a alrededor de 23,000 personas, fue impresionante al ver la reacción del público al cantar su canción tema "Puerto Rico son Los Chicos." Migdalia Santiago El Nuevo Día 3/27/83.

De Nueva York llegaron al Salvador con el mismo éxito que habían alcanzado en los países visitados hasta el momento. En el Salvador tuvieron tres presentaciones la primera en el Hotel Sheraton el viernes 25, la segunda en el gimnasio Nacional el sábado 26 y la tercera en Santa Ana estadio Oscar Quintero el domingo 27 de marzo de 1983. De El Salvador, viajaron a Costa Rica.

En la foto puede apreciarse una vista parcial del enorme público que colmó la sala grande del Madison Square Garden para aplaudir a Los Chicos y otros grupos juveniles. El Vocero jueves 31 de marzo de 1983.

Regresaron a Guatemala donde la Chicomanía era extremadamente contagiosa y donde los fans se multiplicaban en clubes de una manera inusitada.

Aquí surgió por primera vez un álbum de estampillas de Los Chicos de Puerto Rico preparado por Pepe Brugué.(QDP) En mayo de 1983 Los Chicos viajaron de Guatemala a Panamá.

En su llegada a Costa Rica donde la histeria movía a las chicas a imitar las peripecias del hombre araña para subir a la suite de Los Chicos en el Hotel Irazú. En Costa Rica tomaron vacaciones de Semana Santa antes de seguir a Guatemala y Honduras. Miércoles 30 de marzo de 1983

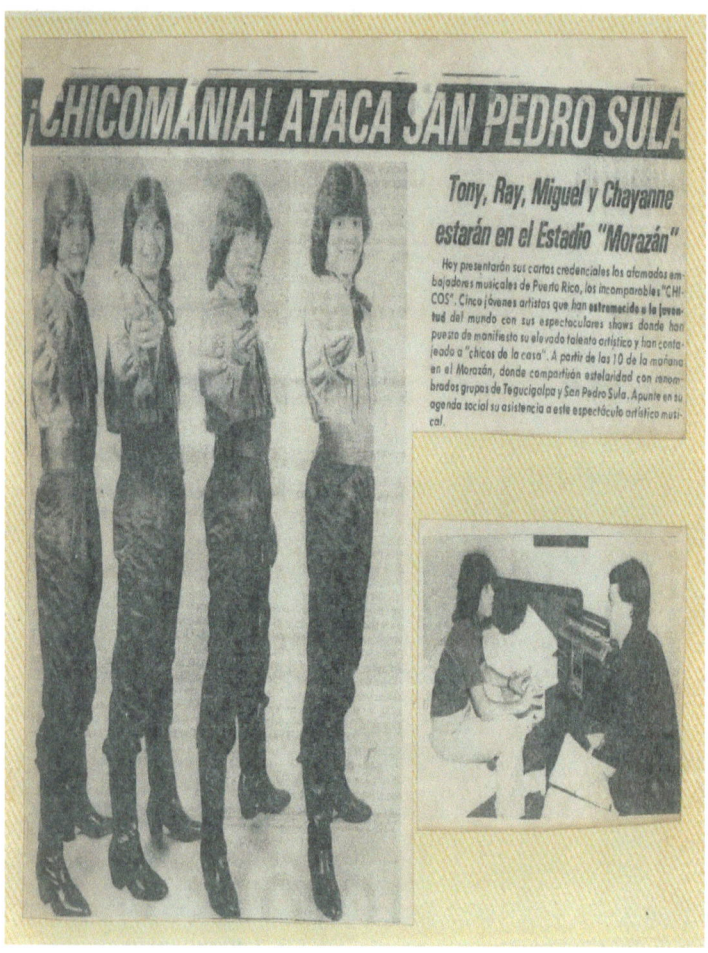

En el estadio Morazan de San Pedro Sula en la costa este de Honduras. "Hoy presentaran sus cartas credenciales los afamados embajadores musicales de Puerto Rico los incomparables CHICOS cuatro jóvenes artistas que han estremecido a la juventud del mundo con sus espectaculares shows donde han puesto de manifiesto su elevado talento artístico."

La verdadera historia de los chicos de Puerto Rico   57

Arrasan en Tegucigalpa la capital de Honduras y presentan el nuevo Chico Alex Rodríguez, que entrarla por Migue. TV Guía.

En su cuarto viaje a Panamá en mayo de 1983 la guardia que había custodiado al Papa Juan Pablo II en su reciente visita a Panamá se vio en apuros cuando una multitud de jovencitas trataron de acercarse a Los Chicos en su reciente presentación en el Gimnasio Nuevo Panamá. A un año de haber llegado por primera vez a Panamá, Los Chicos de Puerto Rico partieron a Colombia por primera vez a promocionarse. Allí no pudieron cantar debido a la locura presentada por la multitud que ponía en riesgo sus vidas. Revista Estrellas por Fedolly López 5/83.

La verdadera historia de los chicos de Puerto Rico 59

Llegaron 'Los Chicos' pero no actuaron

Como se aprecia en estas gráficas, llegaron ayer a Medellín los integrantes del grupo juvenil portorriqueño 'Los Chicos'. Sinembargo sus admiradoras y admiradores debieron consolarse con verlos sólo en el aeropuerto, ya que la presentación que iban a hacer anoche en la Plaza de Banderas de la Unidad Deportiva, fue cancelada por sus organizadores, quienes adujeron que no habían condiciones de seguridad que garantizaran la integridad de 'Los Chicos'. Y chicas y chicos de Medellín se llevaron una gran frustración por el incumplimiento del conjunto. Anoche, ante la no presentación de los portorriqueños, ocurrieron algunas escaramuzas entre grupos de adolescentes y la fuerza pública, en el sitio donde iba a ser la actuación.

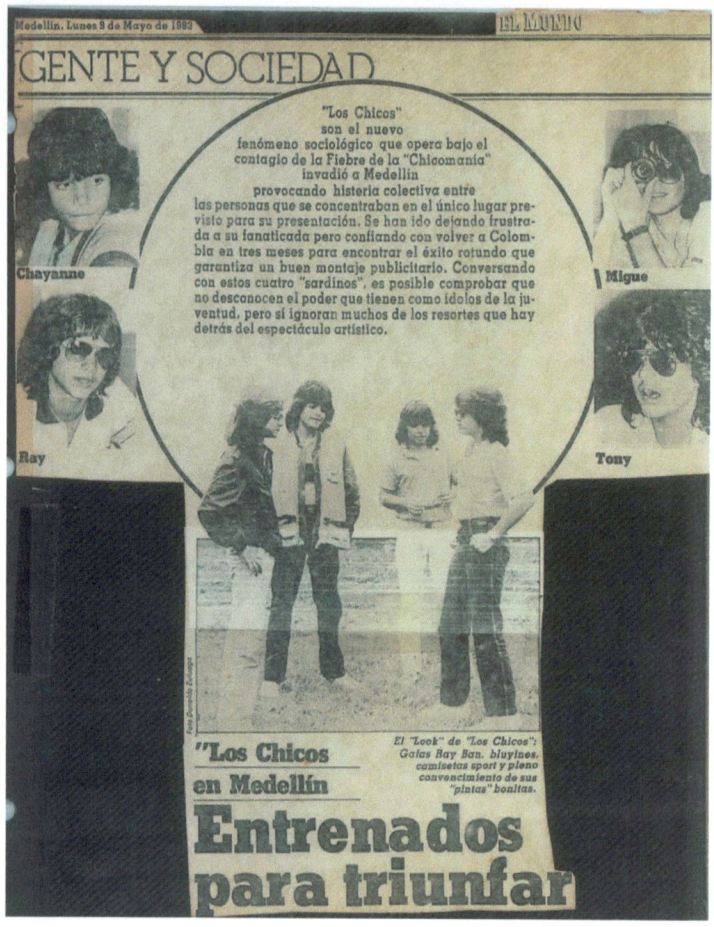

Primer y último viaje en promoción a Colombia mayo 1983. Interesantemente aquí el periodista describe con maestría la frase lapidaria que podría fin a Los Chicos y citamos: "es posible comprobar que no desconocen el poder que tienen como ídolos de la juventud, pero sí ignoran muchos de los resortes que hay detrás del espectáculo artístico."

Medellin 05/9/83

La verdadera historia de los chicos de Puerto Rico   61

El 4 de junio de 1983 llegaron al aeropuerto de San Juan, Puerto Rico desde México después de haber estado en gira por más de tres meses. En Colombia país que no pudieron actuar por la locura de sus fans que ponían en riesgo total sus vidas y las del público. Cuando esto ocurrió Nelson Rodríguez me llamó para informarme y en ese momento pasó por mi mente un pensamiento de júbilo en el cuál me dije a mi mismo,esto no lo detiene nadie. Cuán lejos estaba de la verdad mientras yo pensaba eso, Ángelo Medina estaba llevando a Chayanne a una audición en México con la compañía Ariola para lanzarlo de solista cuando Los Chicos viajaron de Colombia a México. Dos meses y medio más tarde todo terminaría de forma abrupta por la conspiración de mi ayudante Ángelo Medina. Fotografía periódico El Nuevo Día 6/4/83.

Uno de varios discos de oro otorgado a Los Chicos por sus ventas en la República Dominicana, Centro América y Puerto Rico, por Fama, D.I.D.E.C.A. y Pyramids Records.

Le otorgan el Búho de Oro.

La Asociación de Cronistas del Espectáculo (ACRODE) de Panamá le otorgó a Los Chicos de Puerto Rico el codiciado Búho de Oro en su actividad anual. 7/21/83

El Vocero Martes 7/19 de1983 comenzaron a firmar su primera película entre Puerto Rico y la República Dominicana llamada Conexión Caribe en julio y agosto de 1983. Treinta y cuatro días más tarde, tres de sus integrantes abandonaron abruptamente el grupo sin exponer ninguna razón con el consentimiento y consejo de Ángelo Medina, el abogado Andrés Montañez Coss, el papá de Rey, el de Migue y el de Chayanne.

"Los Chicos" conquistaron al público ecuatoriano.

Se filma en la Isla la película de "Los Chicos"

Con el nombre de "Los super Chicos en operación Caribe" comenzó el rodaje de la primera película de "Los Chicos" en Puerto Rico. Es una comedia con un ritmo moderno y juvenil entrelazado con acción, suspenso, aventura y deportes.

Su trama se desarrolla en un ámbito de espionaje internacional, explicó Orestes A. Trucco, director y productor de la cinta.

Trucco tiene vasta experiencia en cinematografía. Ha intervenido en tres películas filmadas en Puerto Rico. "Correa Cotto, así me llaman", con Braulio Castillo; "Mami" con el niño Rubén Figueroa y "Una aventura llamada Menudo", que rompió récord de asistencia en Puerto Rico, México y Estados Unidos.

Esta película contará con todos los elementos de la cinematografía moderna en cintas de acción. Incluirá escenas de buceo submarino. Todos los grandes éxitos de "Los Chicos", además de 10 temas musicales escritos especialmente para la película.

No cabe duda que al unir todos estos elementos, "Los super Chicos en operación Caribe" romperá todos los récords taquilleros en películas latinas.

En cuanto a presentaciones, la famosa agrupación conquistó al público en Ecuador, donde se presentaron ante una multitud de jovencitas que a gritos histéricos aclamaban su presencia.

Su primera presentación fue en el Coliseo de Ibarra donde interpretaron sus grandes éxitos. Comenzaron su espectáculo con su acostumbrado "Puerto Rico son Los Chicos". Pero la parte culminante del acto fue cuando Tony cantó "Ave María", mientras arrancaba lágrimas de las jovencitas.

De Ibarra pasaron a Quito donde se presentaron en el Coliseo Julio C. Hidalgo, luego a La Tacunga para finalizar su presentación en Machala.

No cabe duda que Ecuador es una conquista más del grupo y que Los Chicos siguen contagiándose con su amor.

10—TELEREVISTA EL MUNDO, Domingo 24 de Julio de 1983

Esta columna publicada el domingo 21 de agosto del 83 en el Mundo narra con lujos de detalles como Los Chicos arrasaron la semana anterior en Santo Domingo donde hicieron un paréntesis mientras filmaban la película Conexión Caribe para viajar a Los Ángeles California a hacer varias presentaciones. El día 22 de agosto de 1983 (día del cumpleaños de Tony), llegaron a Puerto Rico en escala a Santo Domingo para seguir filmando la película. Como era el cumpleaños de Tony le di permiso para irnos el día siguiente. Sin saber que tres de ellos jamás regresarían al grupo y así de forma abrupta sin decir ni dialogar nada abandonaron el sueño de Los famosos Chicos de Puerto Rico que solo en un año habían logrado tanta fama.

Última foto de Los Chicos en Disneyland antes de separarse abruptamente en su regreso a P. R. Tal parece que el reino mágico los embrujó para que actuaran de forma tan irracional. Por José Antonio Mellado Estrellitas 9/1983.

Curiosamente mientras yo pensaba que esto no lo detenía nadie al ocurrir lo de Medellín en Colombia ellos viajaron a México para hacer presentaciones en mayo de 1983. En ese viaje a México Chayanne y Ángelo Medina en un acto de traición inusitado se pusieron de acuerdo para hacer una audición como solista en la compañía RCA-Ariola con mi total desconocimiento y de los demás integrantes del grupo. El plan urdido por Ángelo era lanzar a Chayanne de solista, para lograrlo tenía que romper el grupo y los contratos existentes entre ellos y la Corporación Los Chicos Inc. Esto lo logró tres meses más tarde aprovechando la entrada de Alex Rodríguez en sustitución de Migue al grupo. Usando a Chayanne como portavoz les dijo que el grupo se mantendría junto o unido sin mí. Una vez el grupo roto en agosto 22 de 1983 se le facilitó el camino a Ángelo para el lanzamiento de Chayanne como solista usando a Gustavo Sánchez para engañarme en dicho propósito.

El éxito extraordinario de Los Chicos y las ambiciones desmedidas de Ángelo Medina habían minado las mentes de energía negativa de mis empleados movidos por la mente maquiavélica de mi ayudante y empleado Ángelo Medina, ayudado por la coreógrafa Leonor Constanzo, el diseñador y vestuarista Frank Elías y la mayoría de los padres por razones diversas que lastimosamente se dejaron utilizar e influenciar sin imaginar las consecuencias de lo que estaban haciendo.

De manera que fue en mayo de 1983 cuando Ángelo Medina en unión a los padres de Chayanne y el abogado Andrés Montañez Coss ya habían planificado la salida de Chayanne de Los Chicos para lanzarlo de solista. A esta conclusión llego ahora el sábado 31 de octubre de 2015 cuando de casualidad estoy viendo la entrevista a

Chayanne en Historias Engarzadas y en el minuto 10.20 de la entrevista la periodista Mónica Garza establece lo siguiente: "Antes de separarse de Los Chicos Chayanne realizó en México una prueba como solista en la disquera RCA-Ariola" La periodista en esa entrevista también entrevistó al Sr. Fernándo Hernández ejecutivo de Ariola. Obviamente Chayanne después de esa gira en México en mayo de 1983 no regresó a México hasta que se rompieron Los Chicos por lo tanto, hoy yo llego a la conclusión obvia que fue en mayo de 1983 que Chayanne audicionó con Ariola México para lanzarse de solista bajo la tutela de Ángelo Medina. Esto deja claro que los papás de Chayanne y su abogado Andrés Montañez Coss y Ángelo Medina ya habían tomado esta determinación de lanzar a Chayanne de solista tres meses antes de ellos forzar el rompimiento de Los Chicos para su beneficio personal.

Después de esta gira que culminó en México en junio 3 de 1983. Los Chicos llegaron a Puerto Rico al día siguiente para hacer presentaciones, grabar el programa de televisión que iba al aire todas las semanas por WAPA Televisión canal 4 en Puerto Rico y comenzar el rodaje de una película titulada Conexión Caribe y la grabación de un quinto disco o LP en un año, algo que no se hace o es común en este negocio. Ese disco fue grabado como banda sonora de la película, pero nunca salió a la venta por Los Chicos originales ya que estos abandonaron la agrupación antes de terminar la misma sin explicación alguna. Sin dudas Ángelo Medina me estaba dando un golpe de estado para quedarse con Chayanne como cantante solista.

Escenas de la película

Cada grabación discográfica me costó unos $30,000.00 por cuatro más lo que había pagado al papá de Rey por la primera que habían hecho daban un total de $140,000.00 invertidos hasta ese momento en grabaciones de canciones. La película se filmaría entre República Dominicana y Puerto Rico. Antes de comenzar la filmación de la película teníamos que viajar a Nueva York donde habíamos sido nombrados padrinos del Desfile Puertorriqueño y la filmación exclusiva con la Cadena S.I.N. que después pasó a ser la Cadena Univisión. Iván Eagas Gerente General de dicha Cadena quería hacer algo muy grande con Los Chicos en Estados Unidos. Debido a tantos compromisos Los Chicos tuvieron que viajar el mismo día del Desfile Puertorriqueño a Nueva York desde Puerto Rico y no llegaron a tiempo al aeropuerto de San Juan, para el vuelo a Nueva York.

Creo que este desacierto fue la secuela de la hecatombe o el fin que se acercaba. En el quinto disco que grabamos para la película se encontraban las siguientes canciones,

1-Un Poco de Amor 2-Sirena de Mar 3-Soy Latino

4-Himno Mundial 5-Rock Solido 6-Date un Baño 7-Un

Packman me Robó tu Amor 8-Vamos a la Deriva 9-

Elévate 10-Ya Vez Ya lo Vez.

Este disco nunca salió al Mercado por los integrantes originales que lo grabaron para la película, pero se fueron antes de terminarla. Tornándose esto en otra pérdida de dinero.

Estando en la República Dominicana filmando la película se presentaron en concierto el 15 de agosto en la ciudad de Santiago de Los Caballeros con un lleno total con más de 15,000 personas y el día antes día 14 de agosto de 1983 en el Palacio de los Deportes en la capital Santo Domingo que es el concierto que salió en la película Conexión Caribe totalmente abarrotado con más de 20,000 personas.

Al otro día 15 se presentaron en el show del mediodía que animaba ese gran amigo Jackie Núñez del Risco (Que en paz descanse) Y este presentó a Alex que iba a sustituir a Migue aunque Tony lo presentó como que lo iban a añadir al grupo como un integrante adicional, pero esto no era cierto. Esto fue antes de salir para Santiago. Este programa lo pueden ver en Youtube con la canción Vuelve.

Luego viajamos a Los Ángeles California al otro día (16 de agosto de 1983) a cumplir compromisos mientras hacíamos un paréntesis en la filmación de la película titulada Conexión Caribe. Debíamos regresar para continuar la filmación de dicha película en Casa de Campo en República Dominicana para el 22 de agosto de 1983. Ese día de regreso llegamos temprano en la mañana a Puerto Rico donde hicimos escala para continuar a Santo Domingo. Al llegar a San Juan, ese día que era el cumpleaños de Tony, accedí a que se quedaran hasta el otro día para que lo celebrara en Puerto Rico junto a familiares y amigos. Al otro día, cuando el chofer los fue a buscar para continuar el viaje a Santo Domingo y llevarlos al aeropuerto de San Juan, tres de ellos se negaron a hacerlo sin ningún tipo de advertencia que dejaran saber sus motivos. ¿Cuáles de los integrantes de Los Chicos no se presentaron a trabajar de ese día en adelante? Fueron Chayanne, Rey y Migue organizados por sus papas el licenciado Andrés Montañez Coss y Ángelo Medina. Tres meses más tarde en conferencia de prensa el licenciado Andrés Montañez Coss les mintió a los padres deliberadamente sobre gestiones que nunca hizo conmigo para volver a unir a los tres disidentes al grupo.

TONY Y CHAYANNE RECIBEN UN CHEQUE DEL PRODUCTOR YAGIH NUÑEZ

La verdadera historia de los chicos de Puerto Rico 75

Conmigo en Los Ángeles antes de abandonar el grupo abruptamente días más tarde. Estrellitas 9/1983.

Este álbum de estampillas lo mandé a hacer con el amigo Pepe Brugué (productor en Panamá) para marzo de 1983.

Este era un álbum de estampillas que me parece estuvo listo para el verano de 1983. Pero donde único se vendió fue en Guatemala y Costa Rica ya que tres de los integrantes originales abandonaron el grupo en Agosto 22 del 83. Esto generó enormes pérdidas incluido este álbum.

Que pasó esa noche del 22 de agosto de 1983 en el cumpleaños de Tony en el momento en que decidieron romper el grupo a ocho días de haber llenado el Palacio de los Deportes en Santo Domingo con más de 20,000 personas presentes y a siete días en la ciudad de Santiago con más de 15,000 personas sin avisarme nada previamente. ¿Cuál fue la intensión o el propósito de los que estaban manipulando a la mayoría de los padres de Los Chicos? Sin dudas esa noche o días antes, los padres de Chayanne, Migue y Rey se reunieron con el abogado Andrés Montañez Coss y Ángelo Medina donde tomaron la determinación de que sus hijos no continuaran en la agrupación conmigo. ¿Qué motivaciones tuvieron para concertar este amotinamiento sin razones aparentes? ¿Por qué hicieron algo así, en contra del contrato que proveía las soluciones? ¿Por qué su abogado apoyó esto en contra de Tony siendo él, el abogado el que redactó dicho contrato? ¿Cuáles fueron las consecuencias de este complot que allí pasó? Luego de ver en estos videos que Tony me prestó, en la entrevista de Fuera de Serie a Migue, Rey, Tony y Tico con el periodista Pedro Zervigón se establecen claramente las siguientes motivaciones.

Veamos:

Pedro Zervigón: "Bueno ya que estamos mencionando a Menudo. Se ha dicho que Ricky Meléndez fue el integrante de Menudo que más dinero ganó, que el tiempo que estuvo en esa agrupación, que fue muchos años, ganó más de medio millón de dólares y se ha mencionado que otros integrantes de Menudo llegaron a ganar en la época de oro de Menudo entre trescientos y trescientos cincuenta mil dólares. Claro Los Chicos se fundaron muchos años después de

Menudo y Los Chicos duraron mucho menos tiempo. ¿Cuánto ganaron ustedes en la estadía de Los Chicos?"

Migue:"Seis cifras que estás hablando, nosotros cinco." Pedro Zervigón:"En una ocasión el abogado de ustedes

mencionó que fueron quince mil dólares y por otro

lado el director del grupo Carlos Alfonso mencionó que

eran cuarenta mil dólares." ¿Cuál de las dos cifras estaba correcta?

Tony: "Yo creo que las dos estaban incorrectas por lo menos yo gané mucho más de eso, lo que pasó es que lo gasté igual de rápido pero yo gané muchísimo más de cuarenta mil dólares."

(La cifra exacta hasta que abandonaron el grupo fueron unos setenta y dos mil quinientos dólares cada uno por lo tanto esto no fue una motivación para dejar el grupo sino una excusa para justificar su acción desacertada.)

Pedro Zervigón: "En esa época, ¿descollaba Chayanne cómo el mejor del grupo?"

Migue: "El grupo se dividía como una batida de vainilla, tenía hielo, tenía leche, tenía mantecado y todo eso era importante, el grupo era así, Tony se encargaba de las canciones románticas, Rey era el lindón del grupo, yo el cómico y Chayanne era el rockero que se trepaba en todas las partes de la tarima."

Pedro Zervigón: "Pero, ¿cuál de los cuatro llegó a tener más popularidad en esos momentos?"

Migue:"Se disputaban entre Tony y Chayanne y había peleas inclusive y no se quedaban en los mismos cuartos. Yo me enteraba cuando Chayanne no quería quedarse con Tony y llegaba a la conclusión, estos dos se pelearon.

Tony: "Era obvio estábamos en el mismo grupo y éramos niños los dos teníamos nuestras fanáticas, yo tenías mis canciones pegadas y Chayanne las de él y ellas iban y gritaban por su chico favorito. Al nosotros estar juntos todos los días nos creíamos estas cosas que eran cosas de niños por supuesto y que no creo que haya trascendido más allá de eso."

Pedro Zervigón: ¿Podriamos decir que Chayanne era el más enamorado del grupo?

Migue: No sé.

Pedro Zervigón: ¿Tampoco ese cetro se lo podemos otorgar a Chayanne?

Tony: Enamorado a eso no le podemos llamar un cetro porque este hombre….

Migue: ¿Por qué me miras así, Tony?

Pedro Zervigón: ¿Acaso Migue le disputaba a

Chayanne el cetro del más enamorado entonces?

Tony: El más enamorado era Migue porque Chayanne tenía una cantidad enorme de admiradoras, pero eran ellas enamoradas de él, en cambio a Migue no se le escapaba ninguna.

Pedro Zervigón: Sin embargo en aquella época cuando Chayanne tenía catorce años tuvo un gran romance con una cantante mexicana que todavía es muy famosa, Yury. ¿Se acuerdan de eso? ¿Cómo fue aquel romance de Chayanne con Yury?

Migue: El romance fue sencillo. Ella era mayor que nosotros y eso fue para cuando estuvimos en América esta es tu Canción en México. Nosotros nos dábamos cuenta y Chayanne me decía "Migue sal del cuarto." Fue algo pasajero, él quedó prendado, pero fue bien pasajero porque amor de lejos ya tú sabes lo que pasa.

Pedro Zervigón: Hablemos de la época de apogeo del grupo. Ustedes lograron en poco más de un año lo que a Menudo le costó cinco años lograr. Ese éxito, sobretodo en algunos mercados en los que Menudo no había entrado. En esos mercados de Centroamérica donde tuvieron un éxito mayor que Menudo y ustedes fueron los que dominaron en aquel momento y eran multitudes que los recibían a ustedes. Yo leí que a veces la fanaticada rompía seis y siete carros para llegar hasta ustedes. ¿Dónde ocurrió eso?

Migue: Las fans se paraban encima a los carros (aquí yo interrumpo para decir que eso ocurrió en los hoteles que nos hospedábamos donde las fans se congregaban con el solo propósito de verlos desde abajo y la locura se apoderaba de ellas. Ellos se asomaban por el balcón y le lanzaban distintos objetos, cosas y besos.)

Pedro Zervigón: Vamos a hablar del momento en que la agrupación se rompe y tres de ustedes renuncian (pausa comercial)

Pedro Zervigón: Regresamos a Fuera de Serie con Rey, Tony y Migue tres de los integrantes del grupo Los Chicos originales y Tico de la segunda generación. Estábamos hablando de aquella ocasión en que Chayanne, Rey y Migue renunciaron al grupo Los Chicos. Los abogados de ustedes hicieron unas alegaciones contra el director del grupo muy similares a las que han hecho varios de los integrantes de

Menudo cuando han dejado la agrupación. ¿Qué les llevó a irse del grupo en aquel momento?

Migue: **Bueno como le digo, no fuimos los muchachitos, los que tomamos la decisión, fueron los padres.** Nosotros estábamos encantados en estar, aunque las condiciones no eran las mejores pero la pasábamos **muy bien.** Entonces los padres encontraron que las cosas eran incomodas y que **no se estaba pagando correctamente** el dinero y entonces cuando iva aumentando las cantidades pues empezaron esos litigios y los padres dijeron el nene mío no va y así tiene que haber pasado con Menudo.

Pedro Zervigón: Me llama la atención que en aquel momento se publicó que Tony dejaba el grupo y abandonaría la gira y no viajaría a Santo Domingo. Sin embargo después cambió de opinión y no acompañó a Chayanne, Rey y Migue en la renuncia. ¿Por qué cambiaste de opinión?

Tony: "**Hubo muchos factores al principio estuvimos todos de acuerdo, pero surgieron cosas en las que estaban envueltos otros productores. No voy a decir nombres porque hace ya tantos años. Nosotros teníamos un contrato en Ecuador y se habían hecho planes con esa persona para presentarnos con el grupo pero yo no sabía nada y cuando yo llamé a Ecuador y pregunté le dije que yo estaba en Los Chicos pero con Carlos Alfonso y me dijeron pero tú no estás con esta persona? Habían hecho algo que no habían contado conmigo y yo me sentí como que espérate, ya esto va más allá.**"

Pedro Zervigón: **Te estás refiriendo al que era director de las giras internacionales del grupo** Ángelo **Medina. (Risas de Rey, Migue y Tony)**

Tony: Yo no quería decirlo Ángelo

Migue: A Ángelo lo queríamos mucho

Tony: A Ángelo lo queríamos mucho pero en este momento estamos hablando de muchos años atrás y aparte yo era un niño y mi actitud era muy diferente.

Migue: Pero sabías mucho.

Tony: Al principio nosotros estábamos molestos con el trato de Carlos en el exceso de trabajo, el dinero eran muchas cosas

Pedro Zervigón: ¿Qué dice Rey?

Rey: Nos reunimos los tres y empezamos a hablar en California.

Pedro Zervigón: ¿Chayanne, no estaba en esa reunión?
Rey: No.

Tony: Era más simple pero entonces lo que nosotros habíamos creado después se convirtió en otra cosa con más gente con reuniones por aquí, reuniones por allá y se perdió la esencia de lo que nosotros estábamos buscando. **Nosotros los niños los que trabajábamos, lo que queríamos era que mejoraran unas condiciones de trabajo y los padres y la gente alrededor de nosotros hicieron un revolú y eso puede ser lo que está** *pasando* **con Menudo.**

Migue: O sea estábamos ajenos a los problemas legales, litigios, dinero intereses económicos

Rey: Tomamos la decisión nosotros mismos. (Esto contradice a Migue y a Tony que dijeron que fueron los padres.)

Migue: Chayanne no estuvo en la reunión en Los Ángeles pero en el avión sí estuvo.

Tony: En el avión estuvo de acuerdo.

Migue: Cuando llegamos al aeropuerto olvídense de las maletas que Junior (el chofer de ellos) se las lleve y se van con los papás y paramos.

Pedro Zervigón: **O sea que Chayanne y ustedes tres estuvieron los cuatro de acuerdo en dejar la agrupación.**

Tony: **No en dejar la agrupación si no detener, parar de trabajar, una huelguita de nenes. Jugar a la huelga.**

Migue: Pero quedó muy bien.

Tony: Bueno estamos todavía en huelga.

Pedro Zervigón: Pero en aquella ocasión yo recuerdo que estaba viendo unos recortes de aquella época y tu decías que los propósitos que tenían Chayanne, Rey y Migue no eran los mismos tuyos que se habían desvirtuado, lo que acabas de decir y que además de eso se habían dicho una serie de mentiras con las que tu no estabas de acuerdo. ¿A que tú te referías?

Tony: No, mentiras no. En lo que yo no estaba de acuerdo era en que se había desvirtuado la idea original. Yo creía que se debía haber hecho de otra manera. Yo entendía eso y yo no quiero entrar en detalles porque eso para mí ha quedado atrás, después de eso me han pasado peores cosas que en realidad eso para mí es como un cuentito de Hadas.

Pedro Zervigón: Pero en aquella época uno de los puntos que ellos plantearon era que supuestamente alguno de los funcionarios del grupo te había pegado a ti. Entonces tu admitiste públicamente que sí que te habían pegado (golpear) pero que tú en aquella época merecías que te pegaran porque eras insufrible (risas él dijo que era insufrible.)

Tony: Bueno yo soy un artista yo no voy a decir o que voy a llegar a una conferencia de prensa donde voy a defender mi punto y voy a decir no ellos tienen toda la razón del mundo. Yo tenía la razón en que se había desvirtuado la idea original pero ellos tenían la razón en muchos de los argumentos pero en el momento yo estaba velando por mis intereses porque ellos me habían dejado solo. Ellos se habían protegido ellos estaban los tres unidos y yo era el único. (El abogado era abogado de los cuatros, ¿no sé de qué forma Tony se pudo quedar solo? Que no fuera que el abogado cometió un acto antiético contra Tony y su familia)

Pedro Zervigón: **Pero estaban supuestamente saliendo en defensa tuya que era al único que le habían pegado.**

Tony: **Por eso porque no tenían otro argumento.** *(Esto quiere decir que en realidad no tenían argumentos para abandonar el grupo) La persona que había pasado las de Caín era yo y los que estaban protestando eran ellos. (Quiero aclarar que el que pasó las de Caín con Tony fui yo porque como él dijo era insufrible)*

Pedro Zervigón: ¿Por qué tú decías que eras insufrible?
Tony: Es que yo he sido una persona bien insufrible yo soy una persona o era vamos a aclarar eso. Los productores entiendan dije era, lo repito. Yo era un niño bien dominante y no tenía la capacidad para razonar en ese momento con toda la fama, el dinero y con todas las experiencias que vinieron con Los Chicos.

Yo no me culpo porque yo me veo como otra persona en esa época. (Esto quiere decir que Tony se veía a sí mismo en ese momento como culpable por todo lo sucedido conmigo ya que ahora es otra persona racional apegada a la buena conducta.)

Pedro Zervigón: "Claro tenías catorce años" (En realidad eran dieciséis años en esa época.)

Tony: Yo veo a otra persona ahí yo lo aclaro, pienso que no hay porque echarme la culpa, porque en realidad yo no tenía la capacidad. (Tony, tienes toda la razón tu no eras culpable de tus acciones y menos del rompimiento del grupo si yo no comprendí tus exabruptos era porque no sabía de tu pasado tormentoso y de pobreza extrema en la cual habías tenido que luchar para salir adelante.)

Pedro Zervigón: **Te llegó el éxito demasiado temprano en tu vida.**

Tony: **Yo era un nene cuando salí de un barrio muy pobre de Ponce llamado Mameyes.** *Me trajeron para San Juan de momento vengo acá nos metemos en una finca y empezamos a ensayar por un año y me presentaron estos tres personajes.*

Pedro Zervigón: Ellos dos y Chayanne.

Tony: Me presentaron a Chayanne, Rey y Migue y nos pusieron a practicar y practicar de momento conocemos a Carlos Alfonso y explota esto y conocemos a Ángelo Medina. Fuimos a Venezuela y de momento en cuestión de un año y medio seis discos y dos discos de oro en Centro América y República Dominicana.

Pedro Zervigón: Cincuenta mil personas viéndolos y aplaudiéndolos en estadios.

Migue: Algo se le quedó a Tony, hay que agradecer y lo voy a decir públicamente al Sr. Erick Lavoy que nadie ni siquiera Chayanne, ni yo, ni Rey, ni Tony hemos agradecido a mi vecino de San Lorenzo.

Pedro Zervigón: Él fue la persona que los reclutó a ustedes en los campos de béisbol allí en Caguas.

Tony: Y a mí en Ponce.

Migue: Ese es el que nos entrenó hasta las doce de la noche. Él nos decía apréndanse esta canción así y cada vez que pasaba algo que no le gustaba, agarraba la guitarra y la rompía. Él fue quien nos creó y fue el verdadero artista de Los Chicos.

Pedro Zervigón: Vamos a unos mensajes y regresamos. Yo recuerdo que Carlos Alfonso en aquella ocasión planteó que aquello era una especie de chantaje para evitar la terminación de una película que ustedes estaban haciendo. ¿Llegaron a terminar aquella película? (No como estaba escrita o pautada)

Tony: Si se hizo bastante restringido no con el tiempo necesario.

Pedro Zervigón: Porque Chayanne, Rey y Migue se fueron antes de terminar la película. ¿Correcto?

Tony: Ellos cumplieron, ellos cumplieron, ellos hicieron el doblaje y todo de la película. Se dicen muchas cosas en el calor del problema. Sinceramente seguro que Carlos hizo dos, tres, cuatro o cinco declaraciones inmediatas. Al final de cuentas ellos terminaron la película y nosotros todos hicimos el doblaje como tenía que ser. Pero hay una parte donde no fuimos a Santo Domingo que fue una parte muy importante que solamente fue Alex.

Pedro Zervigón: Alex era el que estaba preparado para entrar por Migue cuando Migue saliera del grupo.

Migue: **Ese fue uno de los problemas, los muchachos no querían que yo me fuera,** *pero Carlitos (refiriéndose a mí) me iba a cortar.* **(Aquí llegamos a la razón o motivo principal no a uno de los problemas, era el problema principal y único para que Los Chicos se amotinaran. No querían que Migue se fuera y esta excusa fue utilizada por Ángelo Medina para romper el grupo y sacar a Chayanne de solista. Si yo le pregunto a ustedes si ellos me hubiesen planteado, o dejas a Migue en el grupo o nos vamos. ¿Cuál ustedes creen que hubiese sido mi respuesta? Seguimos con Migue:)** *"Primero porque ya estaba mayor, pero tampoco nos queríamos ir. Ellos no querían que yo me fuera. El grupo iba a perder su matiz, (esencia) teníamos un matiz ya y no quería que pasara eso. Pero esto fue todo el barullo (revolú) de lo que sucedió".*

Pedro Zervigón: La película tuvo mucho éxito en Centro América y durante el transcurso de la entrevista estamos viendo algunos segmentos de la película en aquel momento. Vamos a verlos a ustedes bien jovencitos como eran en aquel momento. En eso entró Tico. Tico entró cuando el motín a bordo, cuando Chayanne, Migue y Rey renunciaron a Los Chicos y se quedó solo Tony. Tico es uno de los tres que entraron junto con Alex y Alejandro para reforzar el grupo o para completar el grupo. ¿Tico te fue muy difícil montar rápidamente o apresuradamente las rutinas de baile de Chaynne, Rey, y Migue?

Tico: Si bastante, bastante. El problema surgió cuando me llamaron y me dijeron: "vas a ser el próximo integrante de Los Chicos." ¡Wau! que chévere pero cuando llegué no había nadie, bueno solo Tony que me dio su respaldo y nos tuvimos que poner a ensayar dieciséis canciones desde las nueve de la mañana hasta las doce de la noche para hacer una gira que ya tenían pautada. Venezuela, Panamá, Costa Rica, Guatemala y Honduras si no me equivoco y fue bastante difícil.

Pedro Zervigón: *¿No te sentiste en cierta medida cuando te enteraste que había un problema donde Chayanne, Migue y Rey se habían ido como una especie de rompehuelgas?*

Tico: A la edad que tenía no pensé eso porque era una emoción al momento pues ¡wau! tú sabes.

Pedro Zervigón: *Claro a los trece años era imposible que pensaras eso. Si recuerdo un incidente que ocurrió en la foto de ustedes cuatro, los tres nuevos integrantes más Tony el único veterano que quedó y se le había agregado una foto de Chayanne como insinuando que Chayanne iba a estar. Cuando llegaron sin Chayanne entonces ocurrió un desacuerdo o molestia de alguna de la gente que estaba allí. Se dijo públicamente que lo que pasaba era que Chayanne estuvo de acuerdo en ir si Rey y Migue iban pero que finalmente como Rey y Migue decidieron no ir. ¿Te acuerdas de aquellos problemas que hubo en Panamá al no llegar Chayanne?*

Tico: Bien, recuerdo el problema que hubo al no llegar los tres integrantes, no solamente Chayanne.

Pedro ¿No era Chayanne solo?

Tico: No era problema con Chayanne era el grupo.

Tony: Se esperaba al grupo porque era una gira pautada que nosotros teníamos en ese momento.

La película, teníamos una gira de sobre un mes y medio o dos meses, más el nuevo disco. Nosotros teníamos un montón de compromisos pautados cuando los muchachos decidieron parar y yo me quedé para tratar de cumplir lo más que pudiéramos en esos momentos con todos los compromisos para que no nos demandaran o para que no demandaran a la Corporación y tratar de cumplir con ellos obviamente. La gente esperaba a Chayanne a Rey a Migue y a Tony el concepto original, pero se hizo lo mejor que se pudo. Estábamos contra el tiempo eso fue una cosa ya los compromisos estaban pautados no se podía con esa realidad y se hizo de tripas corazones.

Migue: Es como en un restaurant donde tu pides un Filete Miñón y te traen un bistec con papas fritas, y tú dices: ¿Para qué es esto?

Pedro Zervigón: La pregunta que le voy a hacer a los dos Filete miñón en este caso Rey y Migue. ¿Cómo es que meses después llegan a un acuerdo con la dirección del grupo Los Chicos y todo es paz y en el cielo gloria?

Migue: Ellos decidieron, ellos decidieron inclusive hasta cuando el grupo se rompió él me dijo: mira ya el grupo se acabó te recortas el pelo y para la universidad. Ese era mi papá que había estado en el ejército y yo Ah, eh, ah me tuve que quedar callado y así mismo decidieron ellos nuestros padres y me tuve que quedar callado pues solo tenía dieciséis años y era menor de edad.

Entrevista a Nelson Rodríguez persona que fungía en ese momento como Road Manager del grupo:

Carlos Alfonso: Buenos días Nelson.

¿En qué momento empezaste a trabajar con Los Chicos en la posición de Road manager?

Nelson: A principios de 1983. En aquel entonces tú me preguntaste si quería viajar con Los Chicos. Yo trabajaba contigo en ventas de la Revista Estrellas en la cuál tú eras dueño y editor y me preguntaste si quería cambiar a trabajar con Los Chicos y yo acepté.

Carlos Alfonso: ¿Qué países viajaste con Los Chicos originales? Nelson: Estuve en Guatemala, en Honduras, El Salvador, Costa Rica, Panamá, Colombia, Ecuador, México, República Dominicana y Nueva York en Estados Unidos.

Carlos Alfonso: ¿Cuáles fueron tus experiencias positivas con el grupo?

Nelson: Como la fanaticada los adoraban y cómo ellos compartían con ellas y eso las hacía felices.

Ellos le firmaban sus autógrafos y no les importaba que ellas interrumpieran su privacidad. Ellas, las fans le regalaban prendas y otros objetos de valor. Yo me preguntaba, ¿por qué los idolatraban tanto? Había que ver cómo la gente se arrodillaba cuando Tony cantaba el Ave María y la gente la coreaba con él y no estoy hablando de 5,000 personas, estoy hablando de 20, 30,000 personas en un estadio y la gente cantando, eso se le paran los pelos a cualquiera.

Carlos Alfonso: Que bueno recordar esos momentos tan extraordinarios y que pena que en ese momento hicieran lo que hicieron. Poniendo en riesgo la Carrera de todos los integrantes de Los Chicos inclusive la de el propio Chayanne que es el único que sobrevivió artísticamente a ese amotinamiento y rompimiento de contratos. Imagina por un momento el daño que le hicieron a Tony que era el que más cantaba de todos y tuvo que enlistarse en el ejército para poder sobrevivir económicamente y fue a parar a la Guerra del golfo como combatiente y héroe de guerra.

Foto izq. Abajo: Nelson Rodríguez (Kbo) Road Manager le habla a un periodista radial.

(Continuación entrevista a Nelson Rodríguez)

Imagina por un instante que Tony hubiera muerto en esa Guerra por culpa de un inescrupuloso como Ángelo Medina.

Yo tengo que confesar que yo fui muy injusto con Tony porque a mí me pasó con Tony lo que les pasa a esos muchachos traviesos que siempre se la pasan dando problemas y un día viene otro que nunca hace nada, pero tiró la piedra y escondió la mano. De momento, juzgué incorrectamente los hechos y culpé a Tony, de lo que hizo otro compañero. Mi lógica fue que Tony tenía que estar envuelto en el complot y luego los abandonó para irse conmigo. Yo lo entendí así porque el abogado Andrés Montañez Coss era abogado de Tony también y pensé erróneamente que este abogado no iba a actuar en contra de su representado porque esto sería muy antiético. Entonces en mi lógica entendí que Tony estaba en el complot junto con el abogado y los abandonó luego. Establecí la culpa de forma injusta por esos hechos a Tony por algo que no hizo. Y el que lo hizo que nunca supuestamente había roto un plato acababa de romper la vajilla completa sin que nosotros nos percatáramos y de esa manera solapada se burló de todos nosotros.

Nelson: "Mira yo sé que te refieres a Chayanne que tiene la imagen del niño bueno, que no rompe un plato pero yo estoy bien dolido con Chayanne. Para mi Chayanne era cómo un hijo cómo lo eran los otros tres, yo puedo ver a Tony, Migue o Rey en cualquier lugar y esos muchachos me demuestran un cariño hermoso, no importa dónde me los encuentre sin embargo con Chayanne no ha sido así. Yo quiero decirte que yo crie a Chayanne, le puse los pampers y la primera mujer que tuvo Chayanne con quien tuvo relaciones fue Yury. Yo lo consentí en México, porque le di permiso para salir del hotel en que nos hospedábamos, aunque tú me regañaras y me despidieras del trabajo. De esta manera yo estaba arriesgando mi trabajo por él. (Ahora me percato que este debió ser el momento planificado por Ángelo para que Chayanne fuera a su audición con Ariola y así nadie se dio cuenta de ello a menos que Nelson estuviera envuelto en el complot en ese momento.) Algo que se con certeza hoy día que no es cierto. A Nelson lo cogieron de tonto como a mí.

Presentación en el Pachin Vicens en Ponce, Puerto Rico el sábado 9 de julio de 1983. La mamá de Chayanne no lo dejó hacer este show de Ponce aduciendo problemas de salud con las plaquetas y nos creó tremendo problema en ese momento. Ahora yo caigo en cuenta que ya ellos tenían otros planes con Chayanne y Ángelo Medina desde de mayo de 1983 y no les importaba lo que pasara con Los Chicos.

Continuación entrevista

Nelson: Yo recuerdo que hace muchos años yo me encontré con Chayanne en Rio Piedras en una actividad en que yo estaba trabajando con Johnny el Bravo. Era un festival de Suki y Chayanne entró a Donato a comprar una camisa y le faltaban ocho dólares y yo le dije al muchacho que lo atendió que me lo descontara del dinero que ellos me debían de las taquillas que habían vendido. Hoy día ese muchacho es tan ingrato que no se acuerda de ninguno de esos momentos en que yo lo ayudé. Chayanne es lo famoso que es, por la trayectoria que tenía con Los Chicos y eso no se lo puede quitar nadie. Pero ahora no se acuerda de mí, él hace entrevistas y nunca habla de Los Chicos y sin Los Chicos Chayanne no hubiese sido Chayanne. Yo me acuerdo del Chayanne humilde que se sentaba en un pupitre para filmar autógrafos aunque la fila llegara hasta Hong Kong. ¿En qué momento Chayanne perdió esa humildad? Yo no lo sé. Chayanne no hace eso ahora y en aquel entonces era tan famoso como lo es ahora. Eso es para que tú veas cómo la gente cambia. Y nunca ha dicho en una entrevista que él le debe en gran parte lo que es, a la organización de Los Chicos. Cuando hizo el concierto en el Hiram Bithorn en Puerto Rico yo lo fui a ver y estaba frente a mí y le hice mil señas con una sombrilla y me ignoró totalmente. Fui a verlo en una actividad en el Capitolio y el hermanito que era su Road Manager en ese momento me dijo que Chayanne no estaba disponible para nadie y que él no podía hablar con nadie más. Consideré eso una falta de respeto hacia mí que compartí con él tantas cosas bonitas en Los Chicos. Yo me encuentro con Tony, me encuentro con Rey y me encuentro con Migue y son besos y abrazos y nos ponemos a hablar de todas las travesuras que hicimos juntos. Pero Chayanne nunca y eso duele y molesta porque yo lo traté cómo a un hijo. Si él me ve en un concierto y me dice por lo menos hola, pero nunca lo ha hecho y yo me pregunto, es eso ¿ser humilde?

Carlos Alfonso: Según tú, ¿Chayanne ha vendido una imagen que es falsa de manera hipócrita?

Nelson: No solo que es falsa sino altanera y él cuando estaba en Los Chicos no era así. Perdona que sea tan franco pero me molesta. Cuando se murió la mamá de Chayanne yo vi que tuviste la dignidad de escribir un mensajito precioso en facebook que decía: "Mira estamos contigo toda la organización de Los Chicos en estos momentos de dolor inclusive me incluiste a mí porque yo lo leí. Acaso él, ¿contestó ese mensaje?

Carlos Alfonso: No, no me lo contestó. Estoy convencido que Chayanne sufrió una metamorfosis muy grande después que salió de Los Chicos y creo que debe regresar a la forma de ser y humildad de

Los Chicos. Quiero que sepas con el propósito de que te sientas bien, conmigo ha sido peor que contigo, conmigo ha sido muy mal agradecido y no quisiera hablar porque no es mi propósito ofender ni estoy escribiendo este libro con el propósito de ofenderlo. Creo que por alguna razón extraña él aborrece todo lo que representan Los Chicos y al único que él le tiene cariño en los Chicos es a Migue. Y sería el colmo que no lo quisiera ya que Migue y él eran del mismo pueblo y eran compañeros de cuarto. Migue le manejaba el helicóptero y siempre fue su confidente y noble amigo, en fin, eran muy afines y sobretodo Migue siempre le ha sido muy fiel. De hecho, el propio Migue me confesó ahora, que cuando Los Chicos se rompieron él (Migue) estuvo trabajando con Ángelo Medina en la carrera de Chayanne como solista además de otras cosas.

Yo recuerdo cuando se murió mi padre que estábamos en la misma funeraria donde había muerto un allegado o un familiar a la mamá de Chayanne en San Sebastián, Don Quintino cuando supo que era mi padre entró a nuestra capilla y nos dio el pésame y pudo haber sido un buen momento para comunicarse con su hijo Chayanne para que me diera el pésame por teléfono pero no pasó así y Doña Irma tampoco. Chayanne estaba emparentado conmigo porque Doña Irma era de San Sebastián igual que yo y los hijos de mi primo Alberto Hernández eran parientes de él por los Román o por los Arce ya que Vitalia la esposa de mi primo es Román de apellido. Como te decía en Los Chicos el único que él le guarda cariño es a Migue. Para mí él nos ignora de manera inusitada y no sé las razones, aunque creo que fue la influencia de Gustavo. Ese era un hombre perverso y sabrá Dios que cosas le metió en la cabeza. A mi juicio, él no soporta llevar la imagen de Los Chicos porque le es una obsesión desprenderse de ella cuando debiera ser un orgullo haber sido parte de Los Chicos. Cuando hicimos el Retorno de Los Chicos tratamos que se uniera y respetamos que no lo quiera hacer y creo que algún día se dará cuenta que nosotros somos su familia y el principio de su grandeza como artista. Creo que nunca debe ver su éxito como algo que surgió de la nada porque sin dudas surgió de Los Chicos y nosotros a pesar de todo nos sentimos orgullosos de él y siempre tendremos las puertas abiertas para él. Yo he tratado de venderle los derechos de toda la discografía de Los Chicos a Sony Discos ya que él es su artista, pero creo que él lo rechaza. Cuando hicimos el Retorno tratamos infructuosamente de incorporarlo, pero ahora él es la estrella y nos ve como unos oportunistas que tratamos de incorporarnos a su éxito. Hasta ahora que vi este programa con Milly Cangiano yo me había olvidado de todo lo negativo, pero de alguna manera yo he puesto un granito de arena en su carrera y debe ser su responsabilidad reconocerlo y agradecerlo después de todo yo me siento muy orgulloso de sus triunfos porque aún lo veo como un hijo triunfador. Yo quiero aprovechar este instante que estoy hablando de Chayanne para hablar de todos de Rey, de Migue y de Tony. Migue el compañero inseparable de Chayanne ambos eran del mismo pueblo y ambos eran niños buenos de verdad hijos de la familia campesina puertorriqueña, Migue era súper brillante como Tony pero era disciplinado como Chayanne. Mi relación con Migue fue una muy cordial en la que nunca tuvimos ningún tropiezo como la fue igual con Chayanne honestamente eran dos niños ejemplares y muy disciplinados. En el caso de Rey era muy parecido al entorno familiar de Migue y Chayanne. Yo admiraba de Rey su honestidad y su forma de identificarse con la gente pobre. Rey hizo mucha amistad con Tony como lo era Migue con Chayanne. Tony había venido de otro mundo y ahora que yo leo su historia del libro Los Chicos mil recuerdos me doy cuenta, del ¿por qué de su rebeldía? Tony se había criado en la calle y venía de la pobreza extrema y tenía la habilidad de sacarme por el techo. Especialmente cuando íbamos a hacer un show y minutos antes me decía que él no iba a cantar y no lo iba a hacer, eso a mí me desesperaba. Tony era muy difícil y fue el único que me dio serios problemas en el grupo con su indisciplina constante. Si Tony me hubiera dicho la verdad cuando se quedó conmigo yo lo hubiera sacado de solista y no le hubiera dado el relevo a Chayanne y hoy día otra fuera la historia. Pero yo pensé de forma equivocada que Tony había formado el lío y después por conveniencia se quedó conmigo para que yo lo sacara de solista. Tony era muy insoportable o insufrible como él mismo alega. Era tan insoportable que yo me voy a reservar las cosas y barbaridades que hizo porque no es mi intención como dicen en Puerto Rico, tirarlo al medio. Simplemente voy a creer que todo ocurrió por su ignorancia infantil combinada con una inteligencia de superdotado para manipular las cosas a su antojo y conveniencia. En realidad, Tony fue víctima de su pasado de pobreza extrema y la falta de disciplina lo que provocó su desacierto para alcanzar el éxito. En el caso de Chayanne yo siempre decía que era como los gatos que no imparta como lo tires va a caer de pie. Chayanne nació para triunfar y no importaba todos los errores o tropiezos que tuviera para alcanzar el éxito siempre lo iba a alcanzar. Así fue porque ese era su destino sin menospreciar que siempre trabajó duro para alcanzarlo.

Por eso un buen día yo no aguanté más sus malacrianzas en Guatemala y estando en el canal de televisión me provocó y le dije: "tú te crees que eres un hombre y como hombre me vas a respetar" ahí tuvimos un altercado. Después de todo tuve que asumir el rol de padre para enderezarle sus caminos torcidos de indisciplina. Esta indisciplina provocó que cuando ocurrió el rompimiento del grupo yo se la achacara a Tony aunque supuestamente no tuvo nada que ver con lo ocurrido. Mi pensamiento en ese momento fue que Tony era parte de la conspiración y hasta la había provocado y luego a la hora de la verdad abandonó a los otros tres compañeros y a su abogado Andrés Montañez Coss y se quedó conmigo. Yo pensé esto porque no me hacía sentido que su abogado hiciera algo tan antiético en contra de Tony. Si yo hubiese sabido la verdad en ese momento no le hubiera dado el relevo a Gustavo para sacar a Chayanne de solista y hubiese grabado a Tony como solista de inmediato. Esto hubiera anulado a Chayanne como cantante y hoy sería Tony la gran estrella que es Chayanne.

Nelson: Mira lo que sucedió con Los Chicos yo lo describo de esta manera, es cómo si te diera un cáncer y tú no lo atiendes a tiempo y te mata, pero no te voy a decir que tipo de cáncer era o quién lo provocó en Los Chicos.

Carlos Alfonso: Ya eso no tiene ninguna trascendencia para mí que no sea los hechos ocurridos. En realidad, ¿qué fue lo que pasó esa noche del 22 de agosto de 1983 que se suponía estaban celebrando el cumpleaños de Tony en casa de un amigo tuyo, Yamil González? Al otro día ni Chayanne, ni Migue, ni Rey regresaron a Los Chicos y de esta forma rompieron así el grupo abruptamente en ese momento sin ninguna razón aparente. Por lo menos yo nunca me enteré de alguna queja que me anticiparan por dónde venían.

Nelson: En realidad allí no pasó nada que no fuera que ellos empezaron a hablar mal de ti y el dueño del apartamento Yamil González que es amigo tuyo se molestó y dijo que eso era una falta de respeto y de ética y suspendió todo.

Carlos Alfonso: De verdad. Tú sabes que hasta hoy yo siempre he pensado que fue ahí donde tomaron la decisión de no regresar más al grupo. Si al otro día no regresaron más a trabajar, ¿dónde tomaron esa decisión tan concertada?

En una entrevista que yo he visto en Youtube de Chayanne en México (Historias Engarzadas) él dijo que ellos se reunieron y tomaron esa decisión porque querían seguir cantando juntos porque ellos eran un grupo que se formaron juntos y juntos querían continuar. Puso de ejemplo a Los Beatles que por cierto tampoco se mantuvieron juntos. Definitivamente esa decisión fue tomada en algún momento entre los tres que no regresaron Rey, Migue y Chayanne o sus padres ese día o antes del 22 de agosto de 1983. De hecho en esa misma entrevista Migue acepta que su padre le dijo que no volvería al grupo en contra de sus deseos y voluntad y ahora que veo el programa de Fuera de Serie con Pedro Zervigón me confirmó ese hecho. Esto quiere decir que la decisión fue tomada por los padres de Rey y Migue, Chayanne y el abogado Andrés Montañez Coss. Yo me pregunto, ¿a quién le plantearon eso que justificara el rompimiento de los contratos con Los Chicos Inc. en ese momento?

porque a mí no fue. Según se expresó la periodista Milly Cangiano en esa misma entrevista las razones de los padres para tomar esa decisión fue entre otras cosas que los niños no estaban recibiendo la cantidad de dinero que debían recibir. Todo esto presupone con toda claridad que hubo una conspiración de los padres para romper el grupo. Claramente en algún momento en ese lapso de tiempo del 22 de agosto de 1983 o días antes tomaron esa decisión, sin embargo Tony alega que eso a él no se lo plantearon y es lógico, ese era el día de su cumpleaños y no era un buen día para pensar en conspiraciones por lo tanto no hay dudas que Chayanne mintió, cuando dijo que la razón de su acción concertada se debió a que ellos se querían mantener juntos en el grupo. Esa fue la mentira que le dijo a los padres de Migue para expresarle solidaridad por la salida de Migue del grupo.

Si a prima facie no estaban contando con Tony, ¿cómo se iban a mantener juntos? Lo más increíble es que el abogado Andrés Montañez Coss era abogado de Tony también y le cobraba a Tony sus honorarios por representarlo y terminó traicionando a Tony con estos actos que iban en contra de toda ética profesional.

Nelson: Esa noche yo llamé a un amigo Yamil Gónzalez para pedirle prestado su apartamento para hacer una reunión y el cumpleaños de Tony. En la reunión iban a estar Leonor Constanzo, Ángelo Medina, Gustavo Sánchez y no me acuerdo quienes eran las otras personas. El propósito de la reunión era sacar a Chayanne de Los Chicos para lanzarlo de solista. Yamil me llamó porque había llegado de repente uno de los abogados tuyo a la fiesta y Yamil me dijo ven rápido. Yamil me dijo, a mí esto no me gusta, esto no es justo, esto que están haciendo no está bien. Voy a suspender esto y se suspendió todo ahí. Al otro día tres de ellos no se presentaron a trabajar.

Carlos Alfonso: O sea que Yamil, suspendió la fiesta.
Nelson: Si la suspendió, porque no encontró ético que

estuvieran reunidos con Ángelo, Leonor, Gustavo para aprobar una traición en contra tuya y el futuro de Los Chicos para sacar a Chayanne como solista.

Carlos Alfonso: Pero Gustavo Sánchez no existía en ese momento, ¿de dónde salió Gustavo en ese instante?

Nelson Rodríguez (Kbo) al fondo, Chayanne derecha, Rey y Migue izquierda.

Nelson: Ángelo o Leonor buscaron a Gustavo, él trabajaba en un restaurante argentino que estaba en el Condado que creo que se llamaba UNO y Ángelo lo consiguió para que fuera el road manager de Chayanne porque Chayanne se lanzaría como solista. De ahí en adelante Gustavo sería el road manager de Chayanne y creo que después fue a tu oficina a buscar el relevo que necesitaban para Ariola.

Carlos Alfonso: Ahora yo entiendo lo que pasó. Gustavo Sánchez se apareció a mi oficina y me dijo que los padres de Chayanne lo habían nombrado para que manejara la Carrera artística de Chayanne. (Por supuesto en ningún momento mencionó ningún vínculo con Ángelo Medina) Después de varias reuniones accedí a darle el relevo de gratis ya que no tenía dinero para comprarme el contrato y en esencia Gustavo redactó el relevo con su abogado Ramón Cestero como si yo le hubiera traspasado a él el poder de mi contrato. Una vez obtuvo este relevo se convirtió en el titular del contrato de Chayanne y entonces procedió a hacerle a Ángelo Medina lo mismo que Ángelo Medina me estaba haciendo a mí y probablemente procedió a sacarlo del negocio más tarde cuando advino en los conocimientos que Ángelo le otorgó sobre este negocio artístico, aunque había sido Ángelo el que había conseguido el contrato con Ariola. A este traqueteo es que se refiere Chayanne cuando le dice a pregunta de Milly Cangiano y cito: Milly: "Yo sé que fueron tus padres los que decidieron"(Refiriéndose a quien sería su manejador) Chayanne contestó: "No, no eso fue entre Gustavo y Ángelo" Milly: "Otro traqueteo?" Chayanne: "Si otro traqueteo."

Pero eso fue con posterioridad yo hasta ahora que tú lo dices nunca supe que Gustavo Sánchez estuvo esa noche ahí y ni siquiera supe lo que pasó.

Nelson: Según me dijo Yamil esa es la gente que fue allí. Yo no supe toda la gente que estuvo allí porque cuando yo llegué estaba todo suspendido porque Yamil me dijo a mí que no iba a permitir en ningún momento que eso sucediera allí. Lo que estábamos celebrando era el cumpleaños de Chayanne.

Carlos Alfonso: No, era el cumpleaños de Tony.

Nelson: Si de Tony perdón de Tony de Tony y Chayanne fue dos minutos y se fue.

Carlos Alfonso: Ah, ¿Chayanne estuvo muy poco?

Nelson: Estuvo dos minutos y se fue yo me acuerdo de todo eso fue en el Condominio Los Pinos en Isla Verde.

Carlos Alfonso: Entonces, ¿no hubo fiesta?

Nelson: No, no hubo fiesta eso se canceló. Yamil lo canceló y sacó a todo el mundo de allí porque no encontró correcto lo que estaban haciendo.

Carlos Alfonso: Ok yo no sabía eso. De manera que se canceló todo. ¿Qué pasó después?

Nelson: No, nada cada cual se fue por su lado y Yamil y yo nos quedamos y Yamil me dijo mil veces esto no se hace, esto es una puñalá (clavar cuchillo en la espalda) que le están dando a Carlos, esto no se hace y yo no voy a permitir que esto pase en mi casa. Eso fue lo que me dijo Yamil.

Esa mañana del 23 de agosto de 1983 cuando Junior (que en paz descanse) el chofer regresó de ir por Los Chicos a buscarlos y le pregunté, qué había pasado? Me dijo: "Chayanne, Rey y Migue dijeron que no volvían." **Inmediatamente comprendí que se trataba de una conspiración fraguada para hacerme daño.**

Entendí en ese momento que se trataba de un chantaje para obligarme a ceder en algo que yo desconocía. La impresión que tenía es que Ángelo le hizo creer a los padres a través de su abogado Andrés Montañez Coss que Los Chicos eran ellos y no la organización que los respaldaba económicamente. Que el de los contactos era él y que en última instancia yo era dueño del nombre de Los Chicos pero que ellos podrían funcionar igual con otro nombre y los contactos que Ángelo tenía. Por lo menos esa era la impresión que yo tenía en ese momento y que el amotinamiento era para obligarme a negociar una rendición. Ante esa postura que me pareció alocada totalmente, decidí continuar adelante con un plan B. Tony y Alex que ya estaban, mi hijo Alejandro y Tico que lo buscó Maritza Rivera quién estaba a cargo de las relaciones públicas. Comenzamos a ensayar rápidamente ya que teníamos compromisos en Venezuela y me acuerdo que ensayamos hasta en el avión. Teníamos pautadas otras giras y compromisos por cumplir y si no cumplía al que demandarían sería a mí.

Mientras Tony y Alex se fueron a República Dominicana a cumplir el compromiso más inmediato, terminar la película. Mientras tanto el productor de la película Orestes Trucco negoció por su cuenta con el abogado Montañez Coss para que los amotinados le hicieran el doblaje de sus voces y no sé si culminaron alguna que otra escena. Yo por mi parte traté de amortiguar el golpe. Tres meses después ellos hicieron una conferencia de prensa atacándome en lo personal con distintas falsedades para justificar sus acciones. A la semana siguiente de lo ocurrido el 23 de agosto de 1983 fuimos con los nuevos integrantes a Venezuela, Panamá, Costa Rica, Nueva York, República Dominicana y Guatemala y en ningún lugar pudimos cobrar porque se trataba de integrantes nuevos no previamente anunciados. Yo preferí cumplir los compromisos previamente contraídos para evitar que me demandaran.

En el ínterin se me acercó Gustavo Sánchez para decirme que los padres de Chayanne lo habían encargado de la Carrera de Chayanne. En ese momento corrían por mi mente una cantidad de pensamientos confusos

En este artículo los esperaban en N.Y. el 24 y 25 de sept del 83.

que no pude percibir la osadía de Gustavo. Sin dudas, hoy en la distancia me doy cuenta de su atrevimiento porque al firmarle el relevo ante notario los padres de Chayanne no firmaron. Esto hacía que el relevo que estaba firmando fuera completamente nulo de su faz. En otras palabras, Gustavo no había obtenido nada y yo pude reclamar ante un tribunal la nulidad de dicho acuerdo. En un momento dado Chayanne rompió con Gustavo y supuestamente se dice que le pagó a Gustavo la suma de tres millones de dólares para conseguir su libertad artística. En el momento en que yo firmé el relevo entendía que Gustavo no era parte de la conspiración por lo que decidí darle el relevo completamente gratis a Gustavo para que Chayanne grabara con la compañía RCA- Ariola México como solista. En este arreglo Chayanne viajaría con Los Chicos a New York y Honduras. Hoy puedo decir con toda franqueza que ni haciendo eso de darle el relevo, Chayanne me lo ha agradecido. ¿Qué hubiera pasado si yo no le hubiera dado el relevo? Jamás hubiese cantado en su vida. Sin embargo, no me agradeció que lo hiciera famoso y no me ha agradecido el haberle dado el relevo para seguir su carrera de cantante. Por el contrario, en un incidente en Venezuela donde Chayanne estuvo a punto de perder la vida mientras se encontraban Los Chicos jugando en un ascensor de carga de automóviles en el cuál yo no tuve nada que ver ni me encontraba cerca del lugar. Resulta de una manera conveniente para sus familiares y así hacerme más daño del que me han causado, el tratar de justificar el comportamiento de Chayanne hacia mi persona con el alegato de que yo fui el culpable de ese incidente del ascensor. La verdad que es vergonzoso de esta gente que son creyentes en Dios y activos religiosos que recurran a una barbaridad o falsedad como esa para hacerme más daño del que ya me han causado. Chayanne sabe que lo del ascensor fue un juego atrevido y riesgoso entre ellos que yo no tuve nada que ver. De hecho, cuando yo llegué y me contaron tuve un problema muy grande con Tony porque era la gota que desbordó la copa. Tony había apretado el botón del ascensor, había dejado una propina de cien dólares por un desayuno de cinco dólares y lo encontré en el guía de un yeep, conduciendo como si fuera mayor de edad. Lo regañé muy fuerte y se me enfrentó. Traté de crearle conciencia que si atropellaba a un peatón con el auto yo sería el responsable.

Hoy conociendo lo mentiroso y perverso que era Gustavo, me atrevo a especular que le dijo a Chayanne que me pagó cualquier cantidad de dinero por el relevo del contrato.

La nueva generación de Los Chicos duró dos años y medio tratando de recuperar lo que habíamos perdido y nunca más recibimos paga por lo que hacíamos. Para mí fue tan frustrante esta situación de intrigas, ignorancia y mal agradecimiento, que decidí alejarme de este negocio de artistas y dedicarme a otros negocios que poseía.

Inmediatamente después de la ruptura, la nueva versión de Los Chicos de P.R. se presentó en septiembre de 1983 en Nueva York y Venezuela para luego ir a Panamá el 21 de octubre de 1983 a Costa Rica y Guatemala con posterioridad donde todas las presentaciones fueron gratuitas.

Invitados al "Gastón 85"
Llegaron "Los Chicos" para cantar y bailar!

Se encuentra en Nicaragua el grupo "Los Chicos" de Puerto Rico, como invitados especiales al festival "Gastón 85". Ellos llegaron al país aceptando una invitación que les hiciera el comité organizador de ese espectáculo.

El grupo juvenil pospuso una gira artística que tenían planificada a Brasil para viajar a Nicaragua. Que está integrado por 5 jovencitos de edades entre 13 y 16 años.

Álex, Alejandro, Sergio, Tico y Jorge son los nombres del grupo "Los Chicos", tan conocidos en nuestro país por el sabroso ritmo de su música caribeña.

Carlos Alfonso, representante del grupo expresó ayer a la prensa nacional que "Los Chicos" es una organización dedicada al comercio de la música, y que el trabajo lo realizan "todos". Han grabado 5 discos de larga duración, en portugués, inglés y español.

Refirió que "Los Chicos" tienen que ser buenos estudiantes, pues es uno de los requisitos para ser miembro del grupo. El conjunto juvenil va cambiando sus integrantes cuando éstos llegan a los 16 años. Hay que escoger a los nuevos "Chicos", porque el grupo es estrictamente de 13 a 16 años.

Álex, quien tiene 15 años y el próximo ingresa a la universidad manifestó que primero están sus estudios y que si existía la posibilidad de continuar en el mundo de la farándula, lo haría como solista.

"Los Chicos" de Puerto

Pasa a la pág. 8 No. 2

"Los Chicos de Puerto Rico" conocidos popularmente por la juventud nicaragüense, se encuentran en nuestro país como invitados especiales del IV Festival de la Canción Romántica Nicaragüense "Rafael Gastón Pérez".

De izq. a der Tico, Alex, Giro, Casito

Luego del cambio brusco en Los Chicos en agosto 23 de1983 Tony se quedó en el grupo un tiempo hasta que élmismo consiguió su sustituto un jovencito de Caguas, P.R.cuyo nombre es Jorge Manuel López. Una vez Los Chicosse disolvieron, el amigo Felipe Duran le puso el nombrede Giro con el que se dio a conocer como solista en elgénero de la Salsa y esta es su historia:

Mi Sueño Musical

Todo comenzó cuando estaba en la escuela elemental, apenas tendría mis 11 años. Ese día era una locura en la escuela pues se estaba celebrando un espectáculo de talento (Prom). Unos muchachos se me acercaron, proponiéndome participara a último momento, que me acoplara a un grupo musical, ni nombre tenían, pues una maestra nos lo pidió, cuando en realidad, los demás talentos llevaban semanas practicando su participación en el mismo "solo un poco de presión". Yo acepté el reto y en menos de 1 hora, su primera aparición en el mencionado evento escolar, fue todo un éxito y así el grupo "Nenuco" nació.

Paso el tiempo, me presente con ese grupo en varios eventos públicos, me gustó mucho el escuchar los aplausos y ver el rostro de las personas alegres. A penas comenzaba a nacer en mí la búsqueda de "Mi Sueno Musical"

Una noche de paseo con unos amigos, conocí a Héctor Antonio Ocasio "Tony" el cantante principal del grupo "Los Chicos" y me escucha cantando una canción. Mi timbre de voz, le pareció interesante, al menos eso pensé. Al día siguiente, Tony me llama para avisarme que va a visitarme con el Sr. Carlos Alfonso. Obvio me sentí nervioso, ansioso y me puse a la espera con mis padres. Finalizo la espera y conocí al Sr. Carlos

Alfonso, me escucho cantar, bailar, al aparecer le gusto mi apariencia. De pronto Carlos mira a mis padres y les pregunta si yo me puedo ir a una gira entre Nueva York para una presentación en el Madison Square Garden y La República Dominicana al otro día a primera hora con el gran grupo musical "Los Chicos". Me acababa de enterar que había sido aceptado, mi alegría fue tan grande que ni puedo explicarlo en palabras. Pero créeme, me sentí tan grande, que el planeta tierra era un granito de arena en ese momento.

Viví una experiencia muy especial, viaje con ellos a países como Estados Unidos, Santo Domingo, Panamá, Costa Rica, Guatemala, Nicaragua, Brasil y hasta en mi país viajé a pueblo que aún no había visitado. Conocí distintas culturas, buenas personas y las fans eran como familia de tanto que nos veíamos. Me quedaba en los mejores hoteles y hasta pedía servicio de comida al cuarto y eso era tan especial que a todo le daba valor a tan temprana edad. A veces podía pedir comida desde la piscina, todo era grande para mí. En resumidas cuentas, la agrupación "Los Chicos" para mí, fue donde aprendí a ser un artista profesional.

Luego de varios años, me toco partir de la agrupación y es cuando me firma mi manejador en ese entonces el Sr. Johnny El Bravo y la compañía disquera "Sony Discos" donde nací como salsero y gracias a Carlos Alfonso, Los Chicos y toda esa experiencia logré muchas cosas buenas como solista. Al Día de hoy llevo 7 discos grabados, del cual he obtenido galardones como cifras de ventas de discos de oro de 50,000 unidades, disco de platino, por 100,000 unidades, Búho Dorado De Panamá, Premio Lo Nuestro.

Nominación al Grammy Latino, distintos reconocimientos a nivel internacional (Placas) mi propia compañía discográfica, tengo un equipo de trabajo a nivel global y muchas cosas más, las cuales hoy día me permiten continuar trabajando.

Entiendo que la combinación perfecta de este triunfo fueron mis padres, el grupo Los Chicos, la perseverancia, la humildad, la responsabilidad, dejarme manejar, la paciencia, las ganas, el empeño, mi equipo de trabajo, Sr. Johnny El Bravo, mis disqueras Sony Discos y Musical Productions (MP Records) Mis Productores discográficos Carlos (Cuto) Soto y Julio Gunda Merced, mis amigos, mis músicos, mis arreglistas musicales, mis compositores, mis promotores locales e internacionales, mis fanáticos, la radio, prensa y televisión fueron la combinación ganadora para lograr mi éxito a nivel personal.

Hoy día a mis 44 años de edad, continúo viajando y trabajando por el mundo, llevándoles alegría a todos mis distintos públicos a través de mis canciones. Mi compañía "Giro Productions" apenas comienza a considerar la idea de representar, distintos proyectos artísticos, que de alguna forma u otra me permita enseñarles a otros lo que he aprendido y puedan representar lo más que amo en esta vida "Mi Sueño Musical"

Carlos Alfonso, mil gracias por la oportunidad de poder expresarme en este tu tesoro. Para mí es un placer inmenso, un honor y siempre daré las gracias para ti y Los Chicos pues si esto en mi vida no hubiese sucedido indiscutiblemente, seria remota la idea de cantar en una tarima como lo logre hacer contigo hasta hoy día.

Los Chicos, la llave que abrió la puerta de mi carrera. La cuna que me vio nacer, que viva la salsa. OYELOOOOOOOOOOOOOOOOOOOOOOOO!

Si estas interesado en seguirme, lo puedes hacer a través de

www.facebook.com/girolopezsalsa

www.instagram.com/girolopez

y mi página personal www.girolopez.com

Los Chicos en Brasil 1985 de izq. A derecha Jorge (Giro), Alex, Tico y Alejandro (Casito)

Los Chicos en el RETORNO 13 de febrero de 1999

El Retorno en Guatemala 1999
De izq. A derecha: Giro, Rey y Migue

Los Chicos estampan sus huellas en el Paseo de las estrellas en Guatemala.

Discos de Oro de Giro

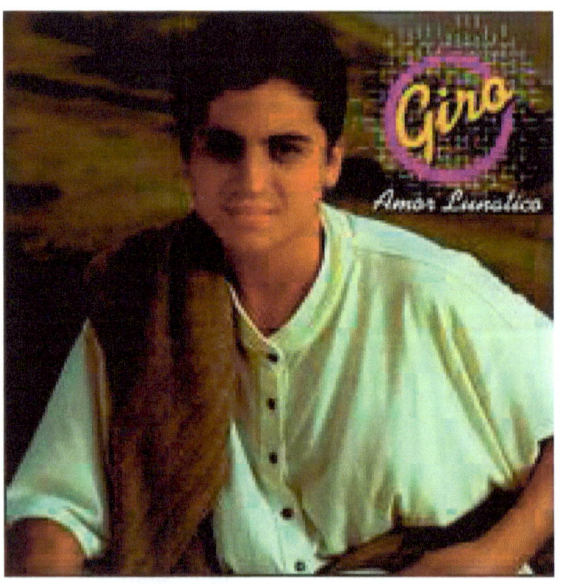

Discografia original de Los Chicos

 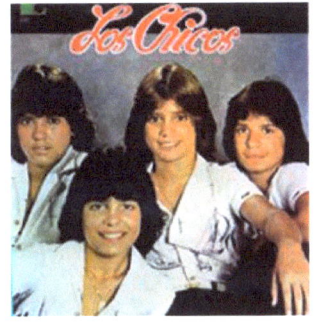

1er. Disco
abril 1982

2do. Disco
julio 1982

1-Para Amar
2-La Cración
3-Reina Danzante
4-Cuando lle. A viejo
5-Niño
6-Por Ti
7-Amigo Extraterrestre
8-Cerca y Lejos
9-Su amor
10-Sonreimos al Mundo

1-Puero Rico
2-Pensando en Ti
3-Será Porque te Amo
4-Heidee
5-Frente al Mar
6-Mama Mia
7-Carol
8-Pues a Bailar
9-Ave Maria
10-Tambor de Alegría

| 3er. Disco | 4to. Disco |
| oct. 1982 | feb. 1983 |

3er. Disco oct. 1982	4to. Disco feb. 1983
1-Amor Viva el Amor	1-Vuelve
2-Niña	2-Me Enamorado
3-Tengo Amigos	3-Testoy Buscando
4-Canta,Canta,Canta	4-Mi Sueño
5-Los Chicos	5-Ay Papá
6-Vuelvo Aquel Lugar	6-Bailanfo
7-Viva la Verdad	7-Contigo Amor
8-Aquel Tibio Verano	8-Cuenta Conmigo
9-Baila Muchachita	9-Y Cómo te Va
10-Lágrimas	10-Hay que Esperar

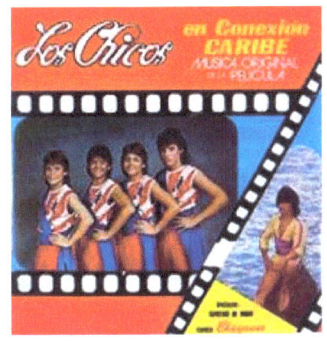 

5to. Disco
julio 1983

6to. Disco
julio 1985

1-Date un Baño
2-A la Deriva
3-Un Packman
4-Sirena de Mar
5-Himno Mundial
6-Ya Ves Ya lo Ves
7-Elevate
8-Rock Sólido
9-Casa Embrujada
10-Soy Latino

1-Danzando Na Chuva
2-Rock Sólido
3-Puerto Rico
4-Contigo Amor
5-Moreninha
6-Danza Garotinha
7-Canta,Canta,Canta
8-Niña
9-Preciso Tencontrar
10-Amigos
11-Naquele Verao
12-Só Porque Eu te Amo

7mo. Disco
feb. 1986

8vo. Disco
feb. 1999

1-Ella No Gusta de Mi
2-Dejame amarte
3-Delicia
4-Con fuego y pasión
5-Compañro
6-Unidos los tres
7-Su Nombre
8-Radio Pirata
9-Me Enamorado
10-Pasé Cada Papel

1-Pensando en Ti
2-Mama Mia
3-Será Porque Te Amo
4-Ave María
5-Heidee
6-Frente al Mar
7-Bailando
8-Te Estoy Buscando
9-Si Tu Supieras
10-Medley: A-fuego y pasión B-Mi Sueño
11-Compañero
12-Niña
13-Me He Enamorado
14- Soy Latino
15-Puerto Rico

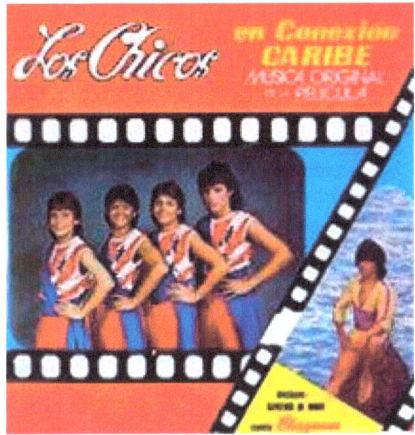

Este LP de la película fue grabado por Los Chicos originales y era su quinto en un año. Se grabó antes de empezar la película en julio de 1983. Con mucha pena les digo que nunca pudimos sacarlo a la venta por Los Chicos originales, sumándose esto a otra pérdida por sus actos irresponsables.

En una de sus presentaciones en Santo Domingo, R.D. Fue en 8/14/83 Ocho días antes de separarse de forma abrupta y sin explicación su último show igualmente lleno. Nada dijeron de lo que se proponían en violación flagrante de sus contratos y compromisos ya contraídos con su público

Tres meses después de haberse ido de Los Chicos Chayanne, Rey y Migue hicieron una conferencia de prensa el viernes 11/09/83 donde alegaron las razones por las cuales se fueron de Los Chicos. En este alegato expusieron entre otras cosas y citamos: "Cuando decidimos reclamar sobre esta situación nos dijeron que no había dinero para pagar." (falso) "No hubo cambio en la situación y optamos por exigir un nuevo arreglo, pero prefirieron irse con otro grupo a la gira." (falso) Cuando hicimos una oferta de arreglo al Sr. Alfonso para unirnos a la gira, luego de acordar con sus abogados y los nuestros, nos indicaron que ya no era necesario." (falso) En verdad esto nunca ocurrió. Ahora me doy cuenta que en ese momento estaban desesperados y el abogado los estaba engañando alegando gestiones que nunca hizo y Chayanne estaba sin contrato de Ariola porque yo no había otorgado el relevo que necesitaban. Había pasado casi tres meses desde que se fueron y yo los necesitaba para arreglar el error cometido.

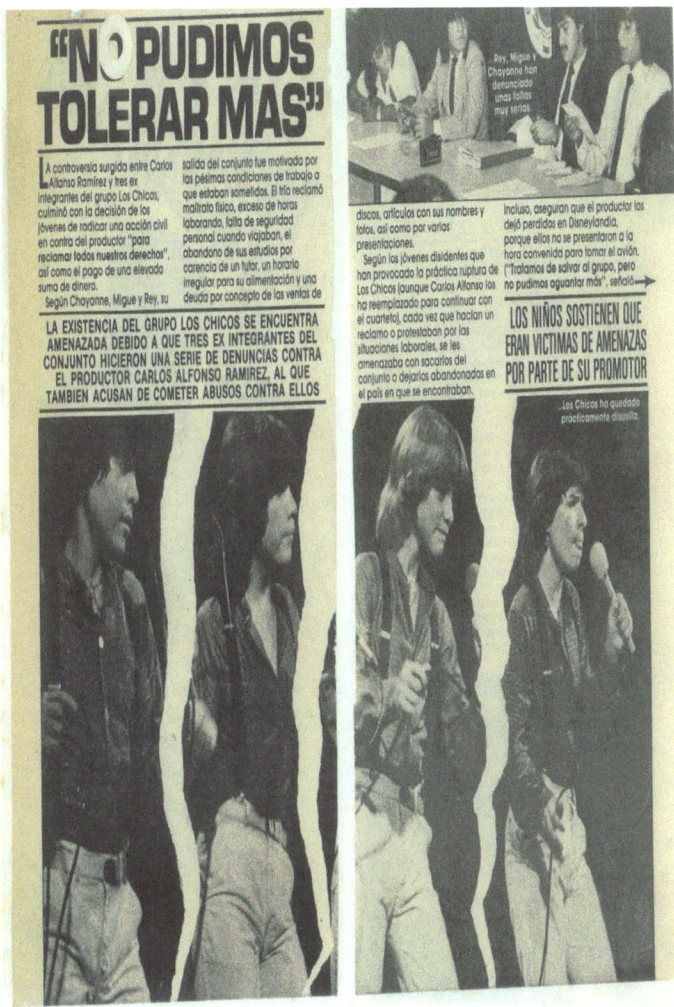

El abogado Andrés Montañez Coss en un claro conflicto de intereses entre sus representados por un lado Chayanne, Rey y Migue que se fueron y por el otro lado Tony que se quedó. Alegó que no pudieron tolerar más, pero no fue a mí que lo alegaron. Aquí no hubo dialogo, ellos se fueron sin decirme nada porque estaban intencionalmente equivocados por terceros.

Aquí expuse entonces que todo se trataba de un complot entre mi empleado Ángelo Medina que causó el rompimiento de Los Chicos de manera concertada con el abogado Andrés Montañez para lanzar a Chayanne de solista. En aquél entonces yo no po- día probar esos hechos, pero hoy después de 32 años si lo puedo hacer y así lo haré para que no quede impune esta patraña que al único que benefició fue a Chayanne gracias a un acto de bue- na fe de mi parte de otorgarle un relevo para que pudiera seguir cantando. No obstante, a mi buena fe para otorgarle completa- mente gratis el relevo, siempre ha sido nulo de su faz porque fui engañado en mi buena fe al así hacerlo y el padre de Chayanne nunca lo firmó.

Por último, fuimos a Brasil por tres meses en 1985 en promoción donde tuvimos un éxito muy fuerte, pero por alguna razón que nunca entendí, nunca pudimos regresar para ganar dinero. Sin dudas aquella noche del 22 de agosto de 1983 Los Chicos dejaron de existir de la noche a la mañana como negocio exitoso para convertirse en un mito o leyenda de la fanaticada que siempre los adoró y nunca entendió que fue lo que pasó con sus integrantes.

En esencia y en orden cronológico todo comenzó en México en mayo de 1983 cuando Ángelo Medina le consiguió a Chayanne una audición con Ariola para lanzarse de solista. Luego el tercer domingo de junio de 1983 grabamos un programa especial para los padres donde el padre de Chayanne no apareció a la grabación. En julio 9 de 1983 la madre de Chayanne no dejó a Chayanne hacer un show en Ponce, P.R. bajo el supuesto que tenía las plaquetas bajas, entre agosto 17 y 22 mientras estábamos en Los Ángeles Ca. Los llevé a Disneyland y quedé en recogerlos a una hora que nunca aparecieron luego aparecieron al hotel por su cuenta. En ese momento Chayanne, Migue y Rey llamaron a sus padres para decirles que yo los había abandonado en Disneyland. Eso provocó una reunión de los padres con el abogado y Ángelo y ahí decidieron el golpe de Estado provocado y le entregaron el grupo a Ángelo quien comenzó a llamar a los empresarios internacionales para informarles que él se quedaba con el grupo sin el nombre. Eso me lo confirmó, Ernesto Porras.

Sin saber lo que habían hecho sus padres. Una vez se montaron en el avión conmigo decidieron calladamente hacer una huelga para no regresar a Santo Domingo donde estábamos filmando Conexión Caribe. Cuando llegaron a P.R. Tony se enteró de alguna manera en su cumpleaños bien sea por Yamil González dueño del apartamento en que estaban celebrando o el propio (Kbo.) Rodríguez. de las intenciones de Ángelo, sobre lo que estaba sucediendo con Porras y Patricelli ya que este último le confirmó la gira que tenían próxima con Ángelo Medina y no conmigo. Una vez Tony confirma las intenciones de Ángelo Medina abandona el acuerdo de huelga pactado en el avión con Rey, Migue y Chayanne y se presenta al otro día al aeropuerto junto a Alex para continuar filmando la película. A todo esto yo estaba completamente ajeno porque se trataba de un Golpe de Estado o una conspiración para destruirme y Tony nunca me informó de lo que estaba pasando así como tampoco Nelson (Kbo.) Rodríguez. Al yo estar ajeno a todo procedí con un plan B temporero que ellos no se esperaban, pero tampoco respondieron. Rey no volvió a ganar dinero como artista, Migue tampoco, Tony tampoco, el único que se hizo millonario fue Chayanne que junto con Ángelo Medina también se ha hecho millonario. Ellos dos junto con el abogado Andrés Montañez Coss, parieron esta conspiración nefasta, para ellos hacerse millonarios a lo cual tenían y tienen perfecto derecho siempre y cuando lo hagan con rectitud. No en violación de mis derechos, los de Tony, ¿y por qué no? También los de Rey y sus padres y Migue y sus padres y Alex y su madre. En principio Migue y Rey también fueron utilizados por Ángelo para lograr los objetivos que tenía con Chayanne.

Una vez el grupo roto demandé a Ángelo Medina en cobro de dinero por haberse apropiado ilegalmente de las regalías adelantadas de los discos de Los Chicos en Colombia. Una vez obtuvimos una sentencia del Tribunal de primera Instancia en su contra procedimos a embargarle sus cuentas. Sin dudas Ángelo es una persona desalmada y así lo demostró luego con Ricky Martin, cuando este lo acusó de apropiarse de dos millones de dólares en regalías adelantadas. Eso fue lo mismo que había hecho con nosotros y yo puedo dar fe con toda certeza que este tipo es un inescrupuloso y estoy completamente seguro que lo que dijo Ricky Martin sobre él es totalmente cierto. A veces lastimosamente la mala fe y la ignorancia nos llevan por caminos extraños. Treinta y dos años después lo único que yo puedo alegar para resarcir daños morales es la verdad de lo que allí aconteció y pasarle factura moral por estos daños que eran parte del valor del Mercado de lo que eran Los Chicos y su potencial si nada de esto hubiese pasado de forma planificada, intencional y de mala fe por Ángelo Medina. Pienso que eso debe ser lo más justo y razonable a reclamarle. Creo que Ángelo Medina nunca se imaginó que algún día habría de llegar una tecnología llamada Youtube que ha mantenido Los Chicos vivos en el recuerdo y el corazón de sus fans. Esta tecnología ha resultado en la más contundente prueba de lo que era el valor de Los Chicos. Chayanne alegaba entonces que nunca había ido a México con Los Chicos pero ahí está la fanaticada y los videos de Siempre en Domingo que lo desmienten una vez más. Ahí están los miles y millones que le dan like a sus canciones en Youtube y sus fans de México. Además, fue en México que audicionó con Ariola y fue la fanaticada de Los Chicos en México que al no saber lo que pasaba con su grupo favorito Los Chicos lo acogió como su ídolo juvenil. Ahora les voy a hablar de la segunda razón que dice Rey en el libro "Los Chicos Mil Recuerdos Sus Historias" por la que abandonaron el grupo. Dice Rey en el libro y cito: (pag.73) "Una vez estuvimos en una gira de cuatro meses. Viajamos por los Estados Unidos, Centro América, por todas partes.

Siempre los managers decían que eran giras de publicidad o giras de promoción. La razón por la cual Los Chicos terminó fue que, al llegar de esa gira no había dinero para pagar." Yo le tengo a Rey un aprecio muy grande a pesar de lo que haya dicho o pueda decir y ese aprecio se lo tengo por su honestidad. Eso no quiere decir que todo lo que diga está correcto.

Rey es una persona bien intencionada, pero tiene la costumbre de decir lo que piensa sin procesarlo. A eso le llaman disparar de la vaqueta. Rey dice lo que cree aunque no tenga evidencia para sustentarlo y esto lo lleva a equivocarse con frecuencia porque da por hecho lo que cree. El único que cobraba directo sin intermediarios de los integrantes de Los Chicos era Tony, todos los demás lo hacían a través de sus padres. Por lo que cuando Rey asevera un disparate como ese es porque se lo contaron, además que esta decisión la tomaron sus padres mientras ellos estaban fuera y no había llegado a Puerto Rico. La gira esa de cuatro meses que Rey menciona al único lugar que fueron en promoción fue a Colombia porque era la primera vez y no cantaron. Todos los demás lugares se cobraron y debieron haber recibido un cheque del 50% de adelanto como estipulaba el contrato. De no haber ocurrido así se debieron quejar conmigo, cosa que no hicieron. A mí esto me pone a pensar en la falta de comunicación que había entre nosotros era tan grande que aun estando ellos al lado mío en el avión no me dijeron nada y Ángelo Medina tras bastidores lo manipulaba todo. Cuando Rey dice y cito: "Siempre los managers decían que eran gira de publicidad o gira de promoción. La razón por la cual Los Chicos terminó fue que al llegar de esa gira no había dinero para pagar." Primero, al decir managers se refirió a más de uno por lo que debió ser específico y señalar al que se lo dijo. En segundo lugar, esa gira terminó el 3 de junio del 83 y ellos se fueron en Agosto 22 de 1983 casi tres meses después. Luego de haber grabado el quinto disco para la película y haber comenzado la filmación de dicha película. A mi honestamente nada de esto me hace sentido máxime tratándose de Rey que si por algo lo respeto es por su honestidad. Rey no diría nada que no fuera su verdad, aunque esté equivocado de medio a medio.

Ante los ojos de ellos, Ángelo Medina era mi representante y uno de esos managers que Rey habla. Sabrá Dios las falsedades que les decía y hacía. Ahora que yo miro todo esto en retrospectiva y con suspicacia esos 25 shows que se hicieron en México en los que Rey dice que no le pagaron y el que cobró eso fue Ángelo padre excepto el show de Tijuana al que yo asistí y Kbo. me entregó el dinero unos 15,000 dólares en efectivo. Si Ángelo no entregó el dinero de todo lo demás a la Sra. García que era la contable, de seguro que ella no lo pagó porque no lo recibió. Y si a la misma vez Ángelo les dijo a ellos que eso era promoción cuando no lo era y él se quedó con el dinero. Y a la vez me culparon a mí por lo que estaba pasando sin yo no saber absolutamente nada. Sin dudas el tipo era un genio de la perversidad y la maldad que abusó de mi confianza y estaba socavando todo el andamiaje de Los Chicos para crear el caos donde él sería el rey. De esta manera rompió el grupo con la intensión de quedarse con Chayanne de solista y que luego Gustavo Sánchez le hizo la misma trastada que él me hizo a mí. En el caos se quedó con miles de dólares que no le pertenecían. Que genio de la inmoralidad, he tardado 32 años en descubrirlo, pero no existe crimen perfecto. Ángelo Medina abusó de la confianza que le brindé y desde el mismo principio comenzó a utilizar todo el andamiaje que monté para Los Chicos para su beneficio personal desde la secretaria Dilsy Rodríguez a quien enamoró para sus principios mal sanos a pesar que tenía novia para casarse, las oficinas y teléfonos para montar espectáculos en Puerto Rico. Así fue que trajo a José Feliciano, José José, Camilo Sesto y otros muchos que vinieron luego Hoy conozco la verdad y me alegro que al actuar de buena fe y regalarle el relevo a Gustavo Sánchez provoqué sin quererlo que Gustavo se le quedara como titular del contrato de Chayanne a Ángelo. Dilsy, era hermana de Nelson (Kbo.) Rodríguez quien trabajaba para mí en la Revista Estrellas, ellos eran clientes míos para el año 73 cuando yo tenía una Estación de Gasolina Shell donde su otro hermano Poppy trabajaba conmigo y fue el responsable de presentarme a la que luego ha sido mi esposa, Grace Fontecha.

De manera que hacía por lo menos 10 años que los conocía antes de darle la confianza de trabajar para mí, pero ambos sucumbieron mi lealtad ante la manipulación de Ángelo Medina, el rey de la mentira y el traqueteo. Hoy puedo decir por la propia entrevista que le hice a Nelson (Kbo.) Rodríguez que este estaba involucrado con Ángelo Medina en el traqueteo o conspiración en mi contra y hoy está arrepentido. Eso lo pude colegir cuando le pregunté, ¿qué pasó esa noche del 22 de agosto de 1983? (Kbo.) Me contestó que la reunión fue para lanzar a Chayanne de solista. Eso es indicativo que él sabía absolutamente todo y era parte de ello. En lo que yo pongo mi duda es que ya tan temprano como mayo del 1983 cuando Chayanne hizo la audición con Ariola él tuviera conocimiento o fuera parte del traqueteo. Por eso me inclino a pensar que no y fue cuando le permitió a

Chayanne salir del hotel para irse con Yury que Chayanne asistió a dicha audición. De manera que la salida con Yury fuera del hotel no fue lo que él imaginó cuando dijo que fue la primera mujer a la que Chayanne le hizo el amor.

A mediados de 1998 me propuse hacer una gira deRetorno con Los Chicos para lanzar a Tony de solista.

Aquí en mejores tiempos donde la vida nos sonreía y le dábamos un trato especial a Chayanne mi esposa (Grace Fontecha) y yo, como a un hijo. Lo que ha pasado después entre nosotros jamás lo he comprendido hasta el día de hoy.

La tercera etapa de Los Chicos ocurrió en el verano de1998 cuando invite a Tony, Migue, Rey, Giro y Javier para hacer el Retorno de Los Chicos.

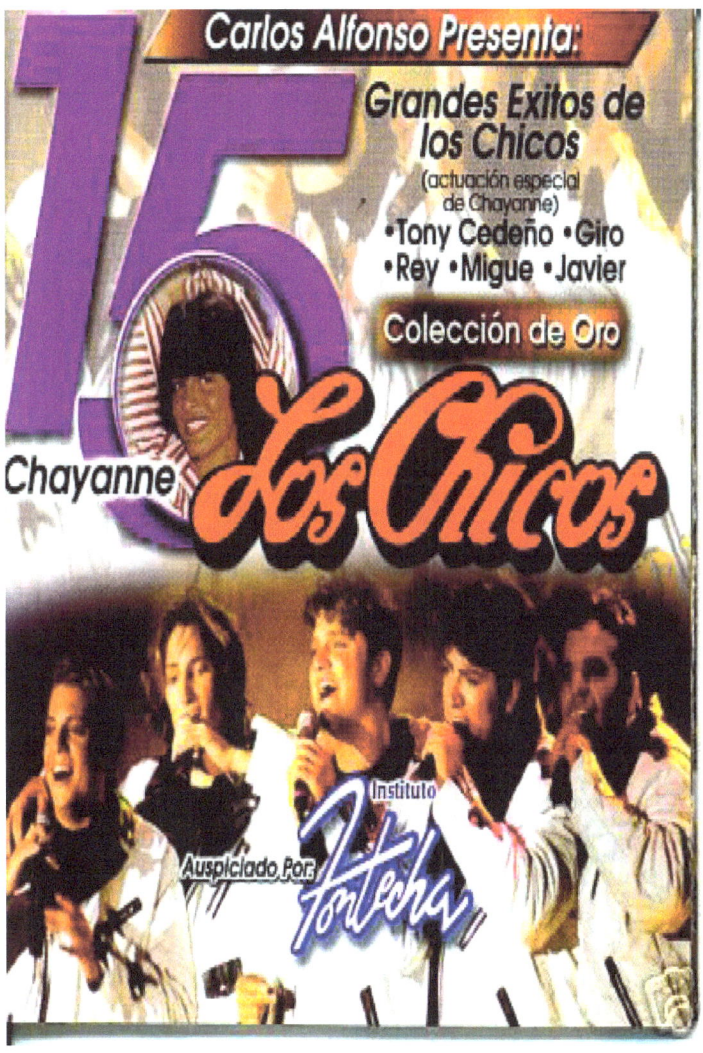

Lamentablemente mi deseo no se pudo dar porque Tony ya había sufrido condiciones adversas en su paso como combatiente del ejército de Los Estados Unidos de América en la Guerra del Golfo Pérsico. Tony en la actualidad es veterano pensionado por incapacidad producto de su intervención en la Guerra de Irak en el Golfo Pérsico. Tony tiene una serie de condiciones adversas producto de ese conflicto que para mí arruinaron sus posibilidades de volver a cantar públicamente ya sea como solista o parte de un grupo. Cuando hicimos el Retorno de Los Chicos Tony lo hizo, pero ahí quedó evidenciado su problema e impedimento para cantar en público. De esta manera Héctor Antonio Ocasio Cedeño el mejor cantante de Los Chicos y con toda probabilidad de todos los grupos de esa época en los años ochenta no podía seguir cantando por los estragos que le ocasionaron en la Guerra del Golfo llamada Tormenta del Desierto.

Yo acuso por este medio al abogado Andrés Montañez Coss, Ángelo Medina hijo de haber fraguado este complot y de ser los responsables y artífices de todo el daño causado a Tony y sus padres por las barbaridades que le hicieron para descarrilarlo en su brillante futuro como cantante en beneficio de Chayanne. También los acuso por ser responsables del rompimiento abrupto de Los Chicos y los daños que por ello me causaron para su beneficio personal. En el contrato de Chayanne que van a ver a continuación verán como el abogado comenzó siendo abogado de Chayanne y terminó siendo el abogado de los otros tres cuando Chayanne lo abandonó. En el primer párrafo de la página 146 se darán cuenta por su contenido que el abogado en ese momento, solo representaba a Chayanne legalmente.

Contrato de Chayanne

CONTRATO DE SERVICIOS PROFESIONALES

En la Ciudad de San Juan, Puerto Rico a los ONCE (11)----- días del mes de octubre de 1982.

COMPARECEN

---DE UNA PARTE: LOS CHICOS INC., CORPORATION organizada bajo las leyes del E.L.A. y representada por su presidente, Sr. Carlos Alfonzo Ramírez, quien es mayor de edad, casado, propietario y vecino de Bayamón, P.R. quien por sus dichos garantiza tener la debida autoridad para representar la Corporación en este acto. En adelante "LA CORPORACION".

---DE LA OTRA PARTE: menor de   años y representado en este acto por su(s) padre(s) Don QUINTINO FIGUEROA-------------------y Doña IRMA L. ARCE---------------------------------- mayores de edad, casados, empleados y vecinos de San Lorenzo,------- Puerto Rico, en adelante "EL ARTISTA".

ACUERDAN

PRIMERO: La contratación del ARTISTA por parte de la CORPORACION para formar parte integrante de la agrupación LOS CHICOS con carácter de exclusividad.

SEGUNDO: Que la contratación arriba mencionada estaría sujeta a los acuerdos y condiciones que aquí se establecen.

TERCERO: Que de surgir alguna situación ohecho que no hubiere sido aquí previsto, las partes resolverán el mismo mediante un adendum a este contrato, sin que de ninguna forma las partes puedan resolver motu propio la situación, a su solo beneficio, salvo una emergencia que así lo requiera.

Que la dirección, manejo, instrucciones, responsabilidad y la persona a quien el ARTISTA responderá en todo lo relacionado con las actividades lo será el presidente de la CORPORACION, y en su ausencia, la personal designada oficialmente por la CORPORACION. Acordando que la CORPORACION habrá de designar a una persona exclusivamente para lo aquí mencionado.

 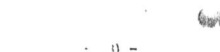

cubre. Esto quivalente a que el ARTISTA recibirá un diez por ciento ( )%) de todo lo que se genere por esta cláusula. El rest...te del cincuenta porciento (50%) recibido por la CORPO! ION se utilizará en los gastos que ésta viene obligada a prestar al ARTISTA. Cada tres (3) meses, el ARTISTA recibirá una cantidad equivalente a una cuarta parte del sobrante luego del pago de los gastos mencionados. Esta cláusula regirá a partir del 1ro de diciembre de 1982. En cuanto al tiempo anterior al primero de diciembre regirá el acuerdo existente de un quince porciento (15%) del cincuenta porciento (50%) recibido por la CORPORACION como hasta ahora.

B- En lo relacionado con la producción de grabaciones musicales, (discos, tapes, cintas) el ARTISTA recibirá el equivalente a una cuarta parte del veinticinco porciento (25%) de todo lo generado.  A este veinticinco porciento (25%) no se le harán deducciones de gastos algunos. Este artículo no incluye la primera grabación del grupo, a la cual le aplican los derechos y los acuerdos que hubo entre PYRAMID RECORDS, y el productor en el contrato del 17 de abril de 1982. La CORPORACION otorga aquí al ARTISTA, los mismos derechos que otorgó al productor en dicho contrato.

C- En el caso de la venta del nombre de la agrupación, fotos, autógrafos u otros derechos, se aplicará el porciento según establecido en la cláusula (A) de este artículo.

D- En las presentaciones de programas televisados el ARTISTA cobrará un sueldo fijo semanal. Este se determinará en base a la proporción que representa el porciento en las presentaciones personales, y se discutirá por las partes para llegar a un acuerdo. El ARTISTA continuará recibiendo el sueldo actual con relación al programa actual de televisión, pero solo en cuanto a ese programa y mientras subsista

.../

(4) -

                         el contrato original con la televisora. De cambiar este contrato, o surgir otro, o aumentar las presentaciones, se aplicará esta cláusula.

OCTAVO: El ARTISTA, tendrá a su disposición los libros de la CORPORACION a lo fines de poder determinar correctamente sus regalías. Este examen será por cuenta y a cargo del ARTISTA sin interrumpir las labores de la CORPORACION. Así mismo podrá examinar, previo aviso y acuerdo, los contratos relacionados con sus servicios.

NOVENO: Este contrato anula todos los contratos anteriores entre los comparecientes.

DECIMO: Este contrato finalizará al terminar la participación del ARTISTA como miembro de la agrupación "LOS CHICOS". Esa participación finalizará de la siguiente forma:

A- Nunca se retirará el ARTISTA antes de cumplir 15 años.

B- Luego de cumplir los 15 años, su retiro será si cambiare la voz, apariencia de niño, presencia, de forma tal que refleje estar cronológicamente fuera del grupo. El retiro será de forma organizada, gradual y notificado con seis (6) meses de antelación.

C- En el momento de retiro, si el ARTISTA tiene capacidad y decide continuar actuando, la CORPORACION tendrá los derechos sobre este, comprometiéndose a impulsarlo y desarrollarlo al máximo de sus capacidades y de artista. Puede, previa consulta, ceder o traspasar el contrato a esos efectos.

D- Si el ARTISTA decidiera no continuar como tal recibirá una cantidad de dinero equivalente a sus entradas de los últimos seis (6) meses.

DECIMO PRIMERO: Las partes se comprometen que en el momento de la firma de este contrato, acordaron, no mas tarde de cinco (5) días porteriores, preparar un ademdun para establecer la participación y ayuda de los padres del ARTISTA en los viajes y presentaciones de este, las comidas y alimentación del ARTISTA mientras trabaja.

.../

- (5) -

D: Las partes acuerdan que este contr... producto de los representantes legales del ARTISTA, v... ndo este obligado al pago de los honorarios. Si la CORPOR... N lo utilizare como modelo, su fraseología, forma o idea, será previa consulta con el ARTISTA o sus representantes, para evitar la utilización de los recursos del ARTISTA por terceros.

DECIMO TERCERO: En ningún momento durante la vigencia de este contrato, la CORPORACION otorgará a ningún otro integrante de la agrupación contrato alguno que dé mayores derechos a otro, sin que el ARTISTA tambien los reciba.

En San Juan, Puerto Rico, hoy, día 11 de octubre de 1982.

LOS CHICOS INC., CORPORACION

Carlos Alfonzo Ramírez
Presidente

EL ARTISTA

Quintino Figueroa

Irma L. Arce

AFFIDAVIT NUM. 523

---Jurado y suscrito ante mí por Don Carlos Alfonzo Ramírez, Don Quintino Figueroa y Doña Irma L. Arce, de las circunstancias personales antes mencionadas y a quienes conozco personalmente en San Juan, Puerto Rico, hoy 11 de octubre de 1982.

ANDRES MARTINEZ COSS
LEX
PUERTO RICO
ABOGADO - NOTARIO

NOTARIO-PUBLICO

En este contrato que les he mostrado notariado en 10/11/82 entre los padres de Chayanne y Los Chicos Inc. representado por mi como presidente se establece en la cláusula tercera lo siguiente: "**Que de surgir alguna situación o hecho que no hubiere sido aquí previsto, las partes resolverán el mismo mediante un ademdun a este contrato, sin que de ninguna forma las partes puedan resolver motu propio la situación, a su solo beneficio, salvo una emergencia que así lo requiera."**

El Lcdo. Andrés Montañez Coss violó esta cláusula del contrato que él mismo redactó y nota rizó e indujo a tres de los integrantes de Los Chicos a violarla con él y extrañamente dejando fuera a su cuarto representado Tony Ocasio. Esta actuación del Licenciado Montañez Coss me hizo pensar a mí equivocadamente que Tony estaba en el complot con los otros tres. Yo pensé no solo que estaba en el complot sino que fue el instigador de dicho complot, para mí Tony era muy indisciplinado y rebelde. Injustamente yo pensé que por la inteligencia prematura que poseía Tony era el que había formado el revolú y después que lo formó los abandonó para unirse conmigo para que yo lo lanzara de solista. En mi mente no cabía que el Licenciado Montañez Coss hubiera actuado en contra de los intereses de Tony porque esto sería una flagrante violación a los cánones éticos de la profesión legal y su posible expulsión a la profesión de abogado que es muy reglamentada en Puerto Rico por el Tribunal Supremo y el Colegio de Abogados de Puerto Rico.

Es obvio que aquí hubo una planificación en concierto y común acuerdo para destruir el grupo y lanzar a Chayanne de solista bajo el padrinaje o representación de Ángelo Medina quien ya le había conseguido la compañía RCA-Ariola para grabarlo en México como solista. En el libro escrito hace un par de años titulado "Los Chicos Mil Recuerdos Sus Historias" Rey escribió en la página 74 que uno de los dos motivos para des hacer el grupo fue y cito: "Consistentemente me llegaban rumores de que Chayanne ya tenía su Carrera asegurada con Ángelo Medina. Parte de la influencia de des hacer el grupo surgió de eso"

Ahora veamos lo que dijo Tony en ese mismo libro página 108 y cito: "Chayanne tenía unos planes distintos a lo que todos creíamos. Creo que Ángelo Medina estuvo tras bastidores dándole la mano y conectándolo con sus contactos de México. De ahí que a Chayanne le surgiera un contrato como solista en México tan rápido."

Esto que ellos dijeron se rumoraba entre ellos pero como Rey aseveró fue parte de des hacer el grupo. A esos efectos la periodista Mónica Garza en entrevista a Chayanne dijo: "Antes de separase de Los Chicos Chayanne realizó en México una prueba como solista en la disquera RCA-Ariola." Yo puedo garantizar que ese acuerdo lo consiguió Ángelo Medina en mayo de

1983 tres meses antes del rompimiento del grupo. Prueba de ello es que Gustavo Sánchez que no conocía nada de este negocio vino a mí porque Ariola le exigió un relevo de mi parte para Chayanne. Quién puede creer que Gustavo Sánchez que no trabajaba en esta industria se iría a México desde Puerto Rico a negociar un contrato de grabación con una compañía discográfica en representación de Chayanne que aún no tenía bajo contrato. Obviamente eso no lo hace nadie y Gustavo Sánchez no fue la excepción. Y si yo hubiera dicho que no le iba a dar el relevo, ¿qué se hubieran hecho? El problema de Chayanne y Ángelo Medina es que llegaron a un acuerdo verbal con Ariola y actuaron apresuradamente para romper el grupo antes de filmar dicho acuerdo que de seguro representaba un buen adelanto de regalías. De esta manera rompieron el grupo y cuando fueron a filmar el acuerdo verbalizado, la compañía Ariola de manera y forma responsable le exigió el relevo de mi parte. Ante esa alternativa se buscaron un tercero (Gustavo Sánchez) que no estaba envuelto en el problema y lo mandaron a negociar conmigo. De esta manera se burlaron por segunda ocasión de mi buena fe con este engaño. Es hoy 24 de agosto de 2015 que me entero que Gustavo y Ángelo eran socios en ese momento. Luego, Migue me ha confesado que Ángelo le reclamó a Chayanne el adelanto de regalías de $25,000 por lo que debo presumir que Gustavo se quedó con todo.

La otra razón que Rey expuso fue que no le pagaban. Eso lo voy a discutir a profundidad más adelante sin embargo veamos lo que dice el contrato en la cláusula Séptima: "Que las regalías y sueldos a percibir el ARTISTA serán como sigue: A-En caso de las presentaciones personales y comerciales el ARTISTA recibirá el veinte por ciento 20% de lo recibido por la corporación. Esta recibirá un cincuenta por ciento (50%) de todo lo que se genere en las actividades que esta cláusula cubre. Esto es equivalente a que el ARTISTA recibirá un diez por ciento (10%) de todo lo que se genere por esta cláusula. El restante del cincuenta por ciento (50%) recibido por la Corp. se utilizará en los gastos que esta viene obligada a prestar al ARTISTA. Cada tres meses el ARTISTA recibirá una cantidad equivalente a una cuarta parte del sobrante luego del pago de los gastos mencionados." En palabras simples el acuerdo era que del 100% recibido, a cada uno de ellos le tocaba el 20% que por cuatro integrantes es igual a 80 % y a mí el 20% que igualaba el 100%. Es del 80% de ellos que se le adelantaba el 50% y el otro 30% era para pagar gastos inherentes al ARTISTA como maestro de clases, que viajaba con nosotros chofer, gastos de transportación, diseñador de vestuario que también viajaba, coreógrafa y el road manager. Si sobraba dinero de ese 30% después de los gastos entonces se repartía en cuatro partes iguales para ellos. Como ven más justo imposible. Ahora yo le voy a decir lo que perdieron por culpa de Ángelo Medina y el abogado inepto y antiético de Andrés Montañez Coss. Mi visión era hacia lo grande y no la pequeñez de cuanto me dejaba mi 20% para que sepan, nunca lo cobré. Todo lo re-invertí porque mi ganancia grande era vender el grupo en el momento pick de mis posibilidades.

Ejemplo: A Edgardo Díaz le habían ofrecido 32 millones de dólares por Menudo en un momento dado y no lo vendió. Mi meta era vender en 25 millones el grupo que era donde estaba la ganancia grande y cuando digo el momento pick de mis posibilidades es que en este negocio hay cosas que puedes manejar hasta cierto nivel. Cuando llega ese momento vienen inversionistas Norte Americanos que te van a hacer una oferta de compra, porque el Mercado de Estados Unidos y mundial lo corren ellos. En ese momento te ofrecen una buena cantidad de dinero que comparado con lo que ellos tienen en mente ganar el negocio resulta poco en la cantidad de millones que te ofrecen. Así que mí meta eran 25 millones de dólares que de acuerdo al contrato que les firmé a los integrantes de Los Chicos Tony, Rey. Migue y Chayanne les iba a tocar el 80% de dicha inversión. O sea 20 millones de dólares, dividido entre cuatro, equivalentes a cinco millones de dólares para cada uno de ellos. Lamentablemente por buscarse un abogado antiético que le hizo caso a un ladrón como Ángelo Medina se quedaron desempleados sin dinero y sin fama con excepción de Chayanne y gracias a mi buena fe de darle el relevo.

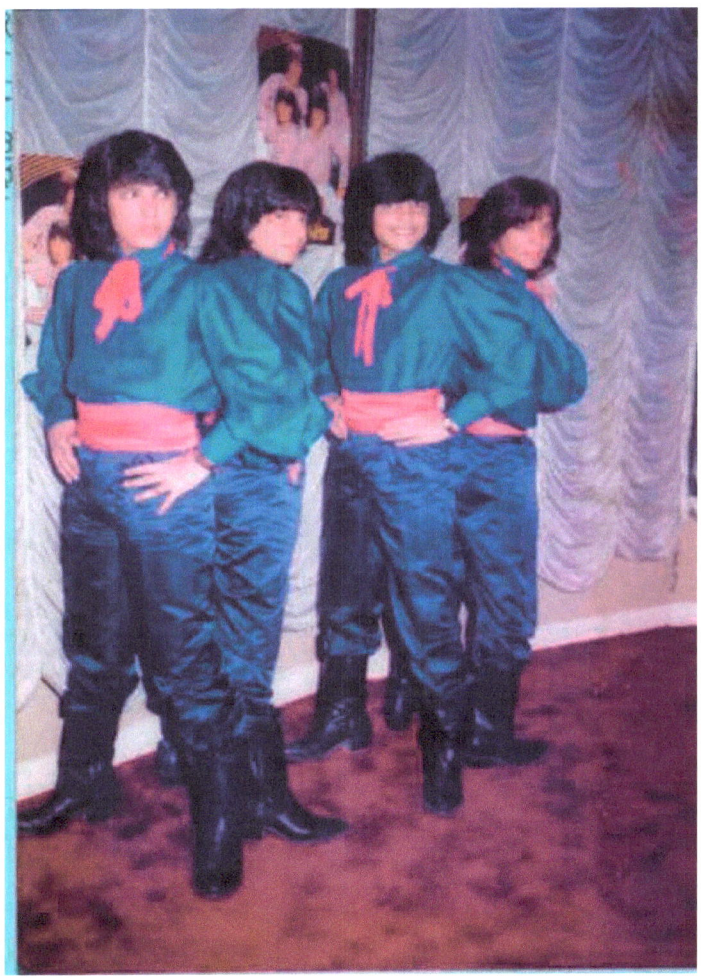

El 27 de marzo de 1984 le firmé un relevo a Gustavo Sánchez Más quién me alegó representar a Chayanne como su agente exclusivo sin ninguna prueba que así lo certificara. Obviamente esto fue el traqueteo del que habló Chayanne entre Gustavo y Ángelo Medina dividiéndose el adelanto de regalías que había negociado Ángelo con Ariola. Es que Gustavo salió más listo que el tramposo de Ángelo y redactó este relevo con su abogado Ramón Cestero para darle un tumbe a Ángelo Medina y quedarse él más tarde con la representación legal de Chayanne. Era obvio que Gustavo cuando me vino a ver no tenía nada firmado por los padres de Chayanne y no lo podía tener porque ellos me habían firmado a mí un contrato de exclusividad y era yo el que tenía esa potestad. Por lo tanto, él me estaba haciendo una falsa representación de lo que él tenía. Una vez yo le firmé el relevo le estaba dando el poder que Gustavo no tenía. Con el relevo en la mano Gustavo era el único que podía negociar con Ariola y de esta manera marginó en algún momento ulterior a Ángelo Medina del negocio que había conseguido el acuerdo preliminar con la compañía disquera de México. Si se fijan en este acuerdo yo relevé a Chayanne de todo a través de Gustavo Sánchez inclusive relevé a Gustavo y hasta su abogado Ramón Cestero, pero a mí no me pagaron nada, ni me relevaron de nada por así hacerlo. Entonces la pregunta que hay que hacerse, por qué yo tenía que relevar a Gustavo y su abogado si ellos no estaban envueltos en la traición que me habían hecho Ángelo y el Lcdo. Montañez.. ¿Qué sabían ellos que yo no sabía que los pudiera involucrar más tarde a ellos en algo turbio ya realizado? Con este relevo yo no los podría demandar. Sin dudas ellos sabían la barbaridad que había hecho Ángelo Medina con el abogado Andrés Montañez Coss y los padres de Rey,

Migue y Chayanne y con este relevo quedaban fuera o se protegían de cualquier demanda que yo pudiera establecer contra Gustavo Sánchez, el Lcdo. Cestero y Chayanne en el futuro. El problema de este relevo es que fue conseguido bajo engaño bajo la premisa de buena fe de mi parte que Gustavo no había sido parte en la controversia y no tenía nada que ver con Ángelo Medina y por eso le otorgué el relevo. En segunda instancia y más importante cometieron un error inexplicable a mi favor al añadirle una cláusula final que dice: "**Las partes repiten su firma a continuación a los fines de consignar que cualquier violación a cualquiera de las cláusulas de este acuerdo por parte de Carlos Alfonso Ramírez y/o su representante autorizado significa la total e inmediata nulidad de este contrato para todos los efectos legales."** O sea que en esta cláusula inexplicablemente se les ocurrió penalizarme con la nulidad inmediata por entregarle el relevo de gratis. De manera que yo les regalé todo de buena fe y no conforme con ello me castigaron con la amenaza de nulidad inmediata si yo violaba alguna de las cláusulas anteriores. Pero, ¿qué voy a hacer? Si así son los genios que actúan con maldad y ahí se les chispotío como diría el Chavo del Ocho que en paz descanse. Al único que le conviene la nulidad de este acuerdo es a mí y con toda intensión con la verdad de frente estoy violando todas las cláusulas posibles en este libro. Además, este acuerdo siempre fue nulo de su faz al no filmarlo los padres de Chayanne. Curiosamente en estos días acabo de ver un video en Youtue donde le hacen una entrevista a Gustavo, creo que fue en Chile. El periodista le pregunta, ¿cómo conoció a Chayanne? y él le contesta que se lo presentó Ángelo y que no sabía quiénes eran Los Chicos. Por cierto el restaurant que dice que era de él, tampoco era de él.

En una escena de Conexión Caribe con Sandra Zaiter.

Alex en el medio sentado ya estaba viajando con el grupo para sustituir a Migue. Esta situación la aprovechó Ángelo Medina

Un resumen de los hechos, muestra que antes de salir de Los Chicos, Chayanne hizo una audición con Ariola en México. Eso se refleja en el minuto 10:20 de la entrevista que hizo con Mónica Garza grabada en Youtuve. Esto nos lleva a la conclusión que esto ocurrió en mayo de 1983 último momento en que Chayanne estuvo en México con Los Chicos. En la entrevista con Nelson Kbo. Rodríguez este nos dijo que dejó salir a Chayanne del Hotel con Yury siendo ese el momento que utilizaron para la audición con Ariola sin que nadie se diera cuenta. Con posterioridad en junio del 83 se hizo un especial de TV para el día de los padres con Los Chicos presentando a sus padres, pero el de Chayanne fue el único padre que no compareció. (video en Youtuve) Luego en julio 9 de 1983 la madre de Chayanne no lo dejo hacer un show en Ponce, P. R. sin ninguna excusa que sustentara lo que alegaba. (pag. 93) Un mes más tarde en Los Ángeles California llevé a Los Chicos a Disneyland a divertirse y quedé con ellos en recogerlos a una hora que nunca llegaron. En ese momento Migue y probablemente Chayanne, llamaron a sus padres para informarles que yo los había abandonado en Disneyland. Esto provocó una reunión de los padres en Puerto Rico en la que decidieron el golpe de Estado donde le entregaron a Ángelo Medina el mando. Inmediatamente Ángelo comenzó a llamar a nuestros empresarios para informarles que él controlaba todo excepto el nombre. En la entrevista de Tony con Pedro Zervigón este alegó que corroboró con Jesús Patricelli nuestro representante en Ecuador que la gira pautada para Ecuador era con Ángelo Medina y no conmigo, tal como me lo había corroborado anteriormente Ernesto Porras en la región de Centro América. En esa misma entrevista Migue aseveró que quienes tomaron la decisión de irse fueron los padres.

Eso significó que Ángelo había tomado control del grupo con la anuencia de los padres y el abogado Andrés Montañez Coss. Esa intensión ilegal se derrumbó muy pronto, pero he tardado 32 años en descubrirla.

Algunos comentarios en Youtube de los fans de Los Chicos

1-Colorado 666100 "Que lindos recuerdos cuando era música de puro sentimiento. Excelente tema, gracias por subirla. Saludos desde Esmeraldas, Ecuador."

2-Uriel Leck "Esta canción la adaptó una estudiantina para un concurso en honor a la Santísima virgen de Guadalupe en el año 1989 en DF México y obtuvieron el primer lugar."

3-Ariel Ayala Vera "Para los puertorriqueños "Ave María y Ay Bendito" son parte de nuestro hablar diario, trasciende nuestra vida diaria, por eso digo, "Ave María, nene, pero tu voz trasciende en el tiempo."...!!!"

4-Carlos Alberto López Álvarez (Panamá) "Que canción tán linda. Este pelao (chavo, chico, niño) cantaba muchísimo."

5-Ricardo Rojas Clériga "Cantaban, Bailaban, Emocionaban. Fueron los mejores exponentes de aquel perturbador exitazo de los grupos juveniles. Y en Guatemala un fenómeno."

6-Mega 010676 "Hola soy Jennifer de Costa Rica y sin duda alguna este grupo era mi favorito, me encantaba Rey. Eran unos chicos excelentes y una agrupación genial."

7-Esther Elizabeth Castillo "Dios yo estuve en ese programa en 1983. Santo Domingo República Dominicana!!!Donde Los Chicos tenían más fanática

De izquierda a derecha: Chayanne Pedrito Fernández, Lucerito y Tony en México

8-Hecti96 "jajaja me rio por la forma de comportarse de esa fanaticada dominicana jajaja....estaban iracundos, qué pasó con la seguridad en este evento. Eso fue en 1983. Imagínese ahora jajaja. Como quiera quiero a mis hermanos dominicanos."

9-Samuel Santos "Crecimos juntos. Recuerdo su primera visita a la Antigua Guatemala, cuando El Estadio Pensativo se llenó por primera vez de tanto adolecente, todos gritando por Los Chicos de Puerto Rico y nuestra amiga guatemalteca Vanesa Elena Spats."

10-Kaike 75 "Esta canción si que pegó en Nicaragua en los años 80, también estuvieron por aca en varias ocasiones y causaron furor!"

11-Jaime Edu1 "En Ecuador gusto mucho la interpretación de este tema. Gracias por colaborar con este video, fue subido en el 2009, si pueden subirlo en HD sería fantástico. Saludos desde la Libertad en la costa azul del Ecuador."

12-Anibal Castillo "Mil gracias por subir ese clip favor subir Puerto Rico son Los Chicos. No tengo palabras para expresar la nostalgia. En Santo Domingo la chicomanía arrasó."

13-Iferativo 09 "Bellisima canción, hermosos recuerdos de mi juventud. Fer de San Diego California"

14-Cegc 2001mx "Como decimos en México que Bárbaros!!! Saludos a Los Chicos los recordaremos siempre y en México los esperamos. Dios me los bendiga abundantemente. Cesar Garza."

15- Rosalba Espinosa "Estoy oyendo y viendo los videos de Los Chicos y me encantaron me gustaría recibir videos de ellos para mi nieto tiene 7 años y canta muy hermoso...Le estoy escribiendo desde Bogotá Colombia."

16-ccChristoo "eyyyyyy por qué en Guatemala. En Panamá fueron archi famosos. Que bueno que tienen estos videos, recuerdo los años 80 cuando vinieron a Panamá, teníamos todos los discos.....Migue, Rey, Chayanne y Tony....que lindos."

17-rociogac "Es que estoy fascinada viendo a Los Chicos!!! Yo era su fan acá en México y los recuerdo muy bien, especialmente me encantó ver a Rey igual de hermoso y tierno que hace más de 25 años!!"

18-gabstanace "Aquí en Colombia Los Chicos no fueron tan grandes como Menudo pero aún así, causaron revuelo en su visita a mi país en 1983, los mismos gritos la misma histeria, los desmayos...Estas nuevas versiones suenan muy bien!!! Lástima que nadie supo entonces de ese retorno."

19-Chayanne180 Wow "Mi canción favorita de Los Chicos, gracias por postearla, saludos JAYUYA PUERTO RICO

20-información KidMotors "Mil gracias por esta canción me recuerda mi infancia mis mejores días de mi vida. Reyna mi querida Hermana un saludo desde c,d. Juárez"

21-HETHY73 "Hermosos me encantan!!! Quiero verlos, xq no llegaron hasta México?

22-Juan Hernández @onefunnydog " Gracias a dios a mi me tocó vivir en la época de estos grupos y para mí los mejores eran Menudo y Los Chicos, aunque tratándose de reencuentros los mejores son Los Chicos, saludos desde Durango México."

23-Margarita House "Yo también pienso igual que Kytty555 ya seriamos 2 las primeras fans. Saludos desde Venezuela. Acá los amamos."

24-leticiatd7 "Recuerdo k los fui a ver al estadio Carlos Salazar en Mazate fue una travesía pues me dijeron si quieres ir a verlos tienes k hacer estas cosas, fue increíble, ellos darían el concierto a las 8 y yo llegué a las 6 cuando la gente había dormido afuera del estadio y yo viviendo a media cuadra sufrí para verlos pero fue la mejor experiencia a mis 14 años mil gracias x compartir tu video Dios te bendiga."

25-ESCORPIONDAV12 "Soy el penúltimo en mi generación de hermanos yo tenía como 5 años cuando mis hermanos escuchaban esto, hoy 2013, me parece fenómeno esos cabrones marcaron época."

Alicia Sánchez: Esta canción es las que los identificaba siempre en sus presentaciones y recuerdo el movimiento de sus caderas y manos uffff. Verlos bailar en persona fue genial que tiempos tan hermosos....Agradezco que hayan venido a Mexicali México en 1983 al nido de las Águilas antes auditorio de las Águilas.

26-Erick González "Buenos recuerdos y gran grupo…los recuerdo en Honduras."

27-shortyhernández100 "Guatemala es parte de Los Chicos! Y Los Chicos es parte de nosotras los guatemaltecas!"

28-raulpanatico "Soy de Panamá y me recuerdo cuando la cantaron el el Centro de Convenciones ATLAPA en la ciudad capital, Panamá República de Panamá."

29-Mickeyfun "La canción con la que concursaron en América esta es tu Canción en 1982" Con Raúl Velazco en Televisa México.

30-lacachiporra "Uno de los presentadores estrellas de la televisión dominicana Yaqui Núñez del Risco. Me acuerdo que hicieron un anuncio de una leche de chocolate muy famosa en el país "Choco Rica" con el tema de "Será Porque te Amo" fue tremendo éxito"

31-Jesus Retro "Esta fue mi canción favorita de este super grupo, gracias por subirla…una maravillosa época de grupos dirigidos a los niños. Saludos desde Perú"

32-Leo Ogando Rep. Dominicana. "Pero a veces yo pienso, que mal tan grande usted le hizo que Chayanne y su familia no lo mencionan a usted para nada y cuando lo hacen, lo hacen con cierto resentimiento, como que usted hizo como Edgardo como Menudo." Leo gracias a Dios este mal tan vergonzoso a nosotros nunca nos pasó. Por el contrario, Chayanne debiera estar eternamente agradecido por todo lo que hice por él. Gracias a eso, no solo lo hice famoso, sino que le otorgué un relevo para que siguiera cantando y para que nos desplazara con el trabajo exitoso en promoción que ya habíamos hecho en

México con un solo disco y del cual él recogió los frutos de nuestro asenso en dicho país. Ni siquiera el disco que habían grabado Los Chicos en México con Luisito Rey salió a la venta.

33-Olaifa Alcocer México: "Realmente lo que dice Bill Gate en su decálogo es la pura verdad, (Jamás esperes que la vida sea justa.) y con Los Chicos lo compruebo, con todo respeto ninguno de Los Menudo, tiene la calidad vocal de Los Chicos, el Reencuentro de 1998 no tiene nada que hacer ante Los Chicos 1999. Hace un mes apenas encontré en Amazon este CD y es simplemente fantástico, más vale tarde que nunca es de 1999 pero aquí a México hay material que no llega. Los Chicos fueron fantásticos y los mejores en todo, pero nunca tuvieron la fama de los Menudo, así es la vida. Que voz Tony Ocasio, por Dios.

34-Oscar Nicolini México: "Soy el autor compositor y productor de este disco y de Niña grabado en México en estudios Emi Capitol año 1982. Nunca cobré un peso por mis derechos el cantante era Chayanne. Gracias a quien lo publicó. Atentamente Osacar A. Nicolini."

Carlos Alfonso: Es interesante este comentario del Sr. Oscar Nicolini compositor de la canción Niña porque yo nunca lo contraté para ser el productor del disco. A quien yo contraté fue al Sr. Luisito Rey papá de Luis Miguel. Por lo que él expresa debo inferir que Luisito Rey lo subcontrató para hacer el trabajo cosa que yo no tenía conocimiento hasta que lo leí en Youtube. Creo que el Sr. Oscar Nicolini debe ser honesto y así expresarlo porque yo nunca lo conocí personalmente y él y está estableciendo que no cobró ni un peso. Que diga que Luisito Rey no le pagó porque yo le pagué a Luisito Rey la friolera de $30,000.00 que en pesos mexicanos se multiplicaban como la levadura. De ser cierto que Luisito Rey no le pagó debieran preguntarle al Negro Durazo (Ex jefe de la policía de México e íntimo amigo de Luisito Rey) ¿qué hizo con la mamá de Luis Miguel por encargo de Luisito Rey? Si confiesa, con toda probabilidad resolverán el caso de su desaparición.

De izq. A der. Migue, Yury y Tony

Los fans se expresan:

Desde México Espe Ruiz: "Para mí Los Chicos fue, es y será más que mi grupo musical favorito, al poco tiempo de conocer su música empecé a identificarme con cada una de sus distintas personalidades. Terminé por quererlos, respetarlos y admirarlos. Fueron mis compañeros de adolescencia por ellos conocí grandes amistades que a la fecha sigo conservando, así como el cariño hacia ellos. Después de treinta años siguen siendo parte fundamental en mi vida. Es difícil hablar de un favorito pues a los cuatro los quiero con la misma intensidad sólo que de diferente manera. Todos saben que Tony es mi debilidad con su voz y su talento, pero no podría dejar atrás al tremendo Chayanne con quién he compartido durante veintisiete años y con el que he tenido oportunidad de derrochar todo el cariño que siento por los cuatro, con Rey que es tan bello y para mí el más guapo de todos y que decir de Migue tan bueno, divertido y atento…..definitivo los cuatro son mis favoritos..''

Kristyna Cechova from Czech Republic

"I Heard music of Los chicos first time two years ago and it was love at first sight. "Sera Porque te amo" always makes me dancing and "Ave Maria" with Tony's phenomenal voice is the only one I'm listening to when I'm melancholic and need to improve my mood"

Lorena Araya de Heredia en Costa Rica

"Los Chicos, como disfrutábamos. Guardábamos absolutamente todo, periódicos, revistas, fotos, postales, aquellos discos que no eran cd ja,ja,ja pero en lo personal los únicos Chicos eran y serán: Tony, Rey, Migue y mi adorado Chayanne." Claudia Flores Luin de Guatemala "Chayanne, Rey, Migue y Tony fueron parte de mi adolescencia. Cada tarde pasaban en el canal 7 de mi país Guatemala, un video de alguna canción. Ahí me fui enemorando de ellos. Chicos les estaré eternamente agradecida de haber alegrado cada uno de mis días. Guatemala vivía una época muy difícil, había una guerra interna, se vivía con miedo, pero ustedes con su música y su carisma llegaron a ser el bálsamo mío y sin dudas de miles de adolescentes de aquella época. Verlos y escucharlos era una alegría indescriptible, eran nuestro oasis en pleno desierto. Cada uno de Los chicos tenía una personalidad diferente y eso era lo que hacía que el grupo tuviera un balance genial. Claro era la imagen que las fans veíamos."

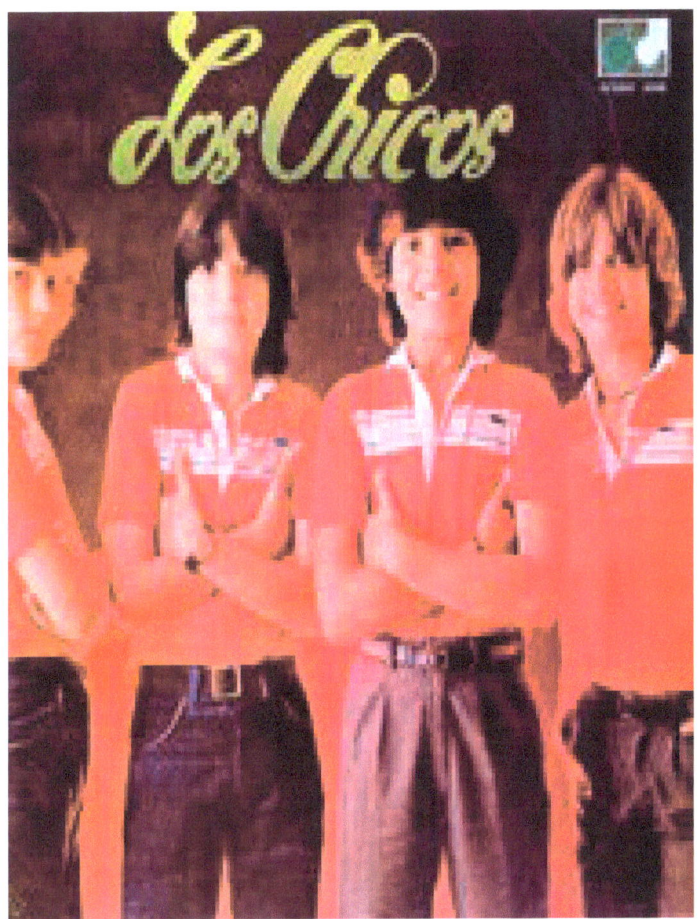

Paola Omanza de Ecuador

"Que lindo Rey espero poder tener la oportunidad de verlos cantar. Dios quiera se dé la oportunidad de que ustedes estén juntos otra vez, adelante."

Elizabeth Urriola de Ciudad Panamá, Panamá

"Te amo Tony Ocasio no tengo otra frase que decirte. Siempre desde que era enana a los quince años y ahora que estoy grande el amor sigue ahí. Espero algún día conocerte en persona, darte un abrazo de esta humilde panameñita Vida mía."

Fans Club de El Salvador –Pensando en Ti

Presidenta Elsie Rodríguez

Vice Presidenta Florence Miranda

"Nuestro Club nació en noviembre de 1982. Cuando en El Salvador la Menudomanía estaba en todo su apogeo, fue muy difícil que los medios de comunicación nos abrieran las puertas, tanto en Radio, TV, Periódicos y

Revistas. Poco a poco fuimos avanzando y logramos entrar en dos programas de radio en los cual nosotras mismas hablábamos sobre la trayectoria y música

De nuestros ídolos. El programa se transmitía una vez por semana al aire en cada estación. Pudimos conseguir ir a programas de televisión local para darlos a conocer y promocionar su música. Salíamos a la calle para repartir hojas, volantes o flyers con sus biografías. Básicamente nuestro objetivo era hacer el primer Club de fans de Los Chicos en El Salvador. Hasta que llegó el gran día de nuestra primera reunión oficial. No teníamos un lugar dónde hacerla, ni presupuesto para pagar un lugar e hicimos la primera reunión afuera de un hotel. Nunca imaginé que llegaran tantas niñas y niños también. En realidad no estábamos preparados para tanto alboroto.

¡Fue un éxito! Fue tanta la publicidad que les dimos hasta que un día el representante de la casa disquera en El Salvador, Sr. Rene Fuentes supo de nosotras y nos contactó. De la mano de él comenzó esa gran aventura de dar a conocer los Chicos de Puerto Rico de la manera que fuese. Al poco tiempo ellos, Los Chicos arribaron a nuestro país por primera vez para promocionarse en 1983. La primera vez que llegaron no los conocían mucho el público salvadoreño. Surgió una amistad muy bonita entre todo el Club y Los Chicos en ese entonces su manager era el Sr. Ángelo Medina (Ex manager de Ricky Martin) quien nos limitaba mucho. A los meses de su primera visita regresaron y ya Los Chicos eran mucho más famosos y en esa ocasión vino con ellos el Sr. Carlos Alfonso Ramírez (Papá Chico) a quién le decíamos así con mucho cariño Carlos Alfonso Ramírez dueño del nombre y concepto de Los Chicos de Puerto Rico y como dicen "adonde manda capitán no manda marinero", él fue la persona más amable y respetuosa que conocimos y valoraba mucho el trabajo que habíamos hecho las fans y fundadoras del Club. Y nos dio la oportunidad para que las socias o fans del Club pudiéramos convivir más con ellos. En esa ocasión ellos ya comenzaban a dar conciertos y cada vez tenían más seguidores. Pasamos momentos muy lindos e inolvidables con todos. Elsie (nuestra presidenta) recuerda a Chayanne como el más responsable y puntual. A Tony como la mejor voz del grupo a Migue como amigable y bromista y a Rey como que siempre renegaba todo. Cada etapa de Los Chicos la disfrutamos y la sufrimos recuerdo muy bien cuando me enteré de la desintegración de Los Chicos originales estábamos en Guatemala junto a mi prima Florence y casi nos morimos con la noticia. Recuerdo que no parábamos de llorar pensando que nunca más los veríamos. Llamábamos a la oficina de Puerto Rico y nadie nos respondía. Solo quiero agradecer tanto a Papá Chico por haber comprendido nuestro sueño, esfuerzo y el cariño hacia esos cuatro muchachitos. Papá Chico nos trató con mucho respeto y consideración."

Elsie Rodríguez presidenta.

Desde Costa Rica Fanny Madriz con Carlos Alfonso al centro.

"Junio de 1982 sin fecha exacta después de una breve promoción en el canal once en el programa de Hola Juventud del cual el Sr. Nelson Hoffman era su productor y animador, Los Chicos vinieron a Costa Rica. Yo tenía

14 años y es hasta hoy mi mejor momento vivido como persona. La primera vez llegaron y se hospedaron en el Hotel Herradura donde filmaron Reina Danzante, y otras canciones del primer disco. De ahí comenzaron a promocionarse en radio y televisión realizaron conferencias de prensa y más videos en el Bosque Encantado. Será porque te Amo, Frente al Mar, sonreímos al Mundo Cantando entre otras y en la Plaza de la Cultura en la Ciudad Capital Mama Mía. En ese momento a nivel

Nacional se puede decir que Los Chicos habían invadido al país.

Fue en noviembre de 1982 su segunda visita. Ya reconocidos llegaron por segunda vez a Costa Rica el 16 de noviembre de 1982. En esta ocasión se hospedaron en el Hotel Balmoral en la misma ciudad Capital bloqueando la Avenida Central sin paso al tránsito vehicular, cientos estábamos frente al Hotel en espera de ver a nuestros nuevos ídolos juveniles del momento. Mis bellos Chicos salían tirando paños, papel de baño. Recuerdo que Rey tenía un vaso y bebió de lo que tenía y de su boca tiró un hielo, el cual cayó al pavimento y rodó cuando la que lo juntó estaba ya pequeñito sin embargo se lo comió con gran orgullo ante las otras fans, era vivir ese momento verlos a través del tercer piso en espera de que nos saludaran, eso sin contar las cientos que fueron al aeropuerto a recibirlos en esta ocasión por mi edad yo no pude ir y al Hotel fui escapada de mi abuela que era la que me cuidaba ya que mi mamá trabajaba y era toda una odisea salir de la casa. Yo no me arrepiento fue lo mejor que he hecho hasta hoy y Los chicos valían la pena. Ya en ese momento me había declarado fan de ellos así que no había marcha atrás. En esos mismos días Los Chicos se habían presentado el el Hotel Playboy y la discoteca Leonardos organizó un concierto en el Gimnasio Nacional. Las presentaciones se realizaron en la tarde ya que por ser menores de edad no se les permitió cantar de noche. En enero de 1983 fundaron el primer fan Club de Los Chicos con el consentimiento de uno de los representantes del grupo sin límite de edad ni sexo. Los Chicos se vendían como pan caliente en un buen nivel convirtiéndose en los artistas con más ventas y popularidad de ese momento. Es a finales de marzo de

1983 su tercera visita al país. En esta ocasión si pude ir al aeropuerto y una amiga tenía un hermano que trabajaba en la Torre de Control y nos subió. Que emoción ver el avión que traía a Los Chicos aterrizar. Fue una alegría compartida con lágrimas al ver llegar a mis ídolos. De ahí se fueron al Hotel Irazú donde se hospedaron, al igual que en las otras ocasiones las fans se subían en los techos de las casas para verlos. Era toda una locura, tanto así que en el aeropuerto no se le permitió a la prensa cubrir la llegada por la gran multitud de jovencitas que desbordaron el lugar. En esta visita hicieron una gira fuera de la Capital y se presentaron el 6 de abril en Guanacaste, el 8 de abril en Limón y el 9 de abril en el Estadio Ricardo Saprissa a la vez aprovecharon la Semana Santa y se fueron de vacaciones una semana a las playas de Guanacaste." (Tony ahí tienes las vacaciones que dices que no te daban) "Esa fue la última visita del grupo al país se había organizado otra presentación en octubre de 1983 pero fue cuando se hizo el cambio de integrantes y vinieron los nuevos Chicos (Alejandro, Tico y Alex) con Tony." (Creo que esto confirma todo lo que he dicho)

*Arriba de Izquierdo a derecha Tico, Alex
Abajo sentados de izquierda a derecha Alejandro y Giro*

POR LEO OGANDO

Leo Ogando - desde República Dominicana

Los Chicos de Puerto Rico y su paso por la República Dominicana.

"Octubre del 1982, se oyó la noticia de que un grupo que venía subiendo como la espuma, se presentaría en el país, para fines de promoción el cual era uno de los grupos juveniles más famosos que había en ese entonces, entre ellos estaban Menudo, Los Chamos, Unicornio, Parchís entre otros, su nombre eran Los Chicos y ya tenía temas pegados que ya se oían en la radio, como: Ave María, Será Porque Te Amo, Frente al Mar, entre otros más. Era diciembre del mismo año 82, y vinieron al país e hicieron su primera presentación en el programa el Show del Medio Día, en donde cantaron todos sus éxitos que lo habían puesto en el lugar en donde estaban, luego el presentador que ese entonces era Yaqui Nuñez del Risco, había anunciado que Los Chicos estarían al otro día compartiendo con sus fans, fotos y firmas de poster. Y fue así como ocurrió. Al otro día ellos fueron al programa y llevaron poster, fichas y discos para su fanaticada dominicana y así se encendió la Chispa de la Chicomanía, fiebre en la que fue apodada al grupo, luego fueron el domingo al Gordo de la Semana como era de costumbre, y el presentador Freddy Veras Goyco dio a conocer sus nombres mediante una pequeña entrevista realizada así como detalles de los integrantes.

En Enero del 1983, ya la Chicomanía era notoria en todo el país, los nombres de; Rey, Migue, Tony y Chayanne, ya eran conocidos entre la niñez y la adolescencia dominicana, que clamaban a viva voz sus canciones, y en ese mismo mes comenzó hacer la promoción de su primer concierto multitudinario en el Palacio de los

Deportes junto con Los Chamos, Yury y Glenis Díaz en representación de la República Dominicana. La fecha del concierto fue 27 de febrero de 1983 a las seis de la tarde. Al comenzar el concierto todo ocurrió de forma amena y correcta, se presentaron los solistas, luego los grupos, primero fueron Los Chicos y luego cerraron con Los Chamos que así lo habían exigido. Papa Chico o Don Carlos Alfonso accedió a la petición de los manejadores de Los Chamos para que Los Chamos cerraran el show. Los Chicos cantaron todos sus éxitos en ese momento, y las fanáticas no dejaban de vociferar sus nombres y sus canciones. Cuando Los Chicos terminaron de cantar la gente comenzó a abandonar el lugar y Los Chamos se quedaron con la mitad del público. Al momento de cerrar el concierto se tuvo que llamar a la seguridad del evento, pues los fanáticos quedaron como locos, y se le lanzaban encima a los integrantes del grupo Los Chicos.

En esa misma ocasión fue grabado el famoso comercial de Choco Rica con la música de Será Porque Te Amo. La filmación se efectúo en la casa del productor de Televisión Tuto Taveras, y contó con el elenco del programa el Show del Medio Día.

En junio del 83 fue su tercera visita al país, promocionado su tercer disco: Los Chicos volumen III, con los temas: Niña, Amigos, Aquel Tibio Verano entre otros. En esa ocasión todas sus presentaciones artísticas se hicieron solamente en hoteles de Santo Domingo. Uno de estos hoteles fue en el Hotel Meliá de Santo Domingo, eso fue el 19 de junio del 1983.

En Julio del 1983, fue su cuarta visita al país, llegaron promocionado su cuarto disco, con los temas: Vuelve, Me He Enamorado, Ay Papa, entre otros. Algo extraño que sorprendió a todos los fanáticos era que solamente llegaron tres chicos, Chayanne, Tony y Migue, y todos se preguntaron que donde estaba Rey?. Rey, estuvo ausente del grupo como espacio de mes y medio por problemas personales y de conducta que había tenido con los manejadores del grupo, pero su situación estaban en espera (standby), se llegó a rumorar que dejaría el grupo y que sería sustituido por otro, pero no ocurrió así, luego a principios de agosto fue incorporado de nuevo tras un acuerdo que habían hecho él, su madre y Don Carlos Alfonso. En esta ocasión hicieron varias presentaciones en hoteles y en programa de televisión. También recibieron un reconocimiento en el programa el Gordo de la Semana, por ser el grupo extranjero de mayor penetración en la República Dominicana.

En agosto, fue su quinta y última vista con los integrantes originales. En esa ocasión ofrecieron un concierto en el Palacio de los Deportes el día 14 de agosto, y el día antes 13 en Santiago. Ese concierto contó con la participación de: los Chamos, el grupo Ciclón de México, de Puerto Rico Maggie y de R.D. el grupo Mermelada y Gotas de Ambas. Al día siguiente lunes 15 de agosto, tuvieron una presentación el Show del Medio Día. En ese día anunciaron la salida de Migue del grupo en diciembre y la presentación de Alex Rodríguez del Valle como sustitución de Migue y nuevo integrante.

TONY Y CHAYANNE RECIBEN UN OBSEQUIO DEL PRODUCTOR YAQUI NUÑEZ

A finales de agosto de ese año, volvieron otra vez al país, pero fue únicamente a Casa de Campos en La Romana, para la filmación de lo que sería su única Película "Los Chicos en Conexión Caribe", la cual se comenzó a grabar a principio de agosto y parte de esa filmación lo fue el concierto en el Palacio de los Deportes. Algo que impactó a la fanaticada de los Chicos fue el rumor que estos se iban a desintegrar, porque a Casa de Campos llegaron solamente Tony y Alex que estaba para sustituir a Migue." (Comentario al calce de Carlos Alfonso. Curiosamente hoy me entero por este escrito que Chayanne, Rey y Migue se presentaron después del 23 de agosto a la República Dominicana a terminar la película. Esto presupone que el productor de la película estaba al tanto del golpe de estado y lo patrocinó negociando con el Lcdo. Montañez a espaldas mías para que la terminaran. Ahora me doy cuenta del por qué no intervino conmigo para salvar su película como debió haber sido. Sin dudas Orestes Trucco pudo haber sido el mejor intermediario para salvar su película y la agrupación. Pero perdió esa magnífica oportunidad cuando se confabuló con ellos, creo que se dejó llevar por los cuentos de sirena que le debe haber hecho el Licenciado Montañez Coss y Ángelo Medina de que ellos tenían el control de la agrupación. O sea que Los Chicos eran ellos y no la organización legal que los representaba y los puso en el sitial en que se encontraban. Realmente había que ser tonto o necio para creer en esos cuentos de camino, ya que el nombre me pertenecía, la música me pertenecía y estaban bajo contrato con Los Chicos Inc. que me pertenecía y a donde habían llegado lo había construido la Corporación que me pertenecía. De manera que solo un necio podía pensar que podría brincar todos estos escollos legales para que la agrupación continuara fuera de mi control sin yo hacer nada al respecto. Ángelo Medina era sagaz y a él no le interesaba el grupo, a él solo le interesaba Chayanne de solista. Ese era su fin al que Gustavo Sánchez se le interpuso en lo que Chayanne llamó el traqueteo.) "Pero después volvieron los demás Chicos para poder terminar de grabar la película, la cual la habían comenzado a grabar y faltaban las escenas finales. El jueves 19 de enero del 1984, llegaron al país, Los Chicos nuevos, Tony, Alex, Frederick (Tico) y Alejandro, (Casito) mostraron sus talentos y encantos al público dominicano, que únicamente había oído hablar de ellos, pero no lo habían visto. En esa ocasión Tony habló de la Película que se había firmado aquí con los Chicos originales e invitó al público dominicano a asistir a verla. En febrero del 1984, se puso en cartelera en los cines dominicanos la película: "Los Chicos en Conexión Caribe", todos los fans se aproximaron a los cines a verla, aunque muchos fanáticos manifestaron sus disgustos por la salida sorpresiva de Chayanne, Rey y Migue y vieron la película con cierta nostalgia, al saber que ya estos no estaban en el grupo. En abril del 1984, volvieron al país por segunda ocasión la segunda generación de Los Chicos. Esta vez llegaron seis Chicos; Tony, Alex, Tico, Casito, Jorge que estaba para sustituir a Tony, de la primera generación y Chayanne en promoción como solista. En esa ocasión pasó algo en el país que marcó la historia en la República Dominicana y a Los Chicos también y fue la huelga del 24 de abril y justamente en esa época

Los Chicos se encontraban en el país. Después de la revuelta de abril, los Chicos duraron casi dos meses aquí, pués las vías terrestre estaban afectadas, y no había acceso para salir del país, todos los turistas encontrados aquí fueron afectados por esa situación y lo único que tuvieron que hacer Los Chicos fue quedarse aquí, por mes y medio hasta esperar la solución del conflicto. En ese tiempo que fue el tiempo más largo que tuvieron aquí en el país, llegaron hacer una pequeña gira y presentarse en varios programas de televisión y grabar un pequeño comercial aquí en el puente Juan Carlos.

En agosto del 84, volvieron otra vez, ya Tony se había retirado, y en su lugar había llegado Jorge, que actualmente se conoce como Giro.

El 15 de octubre del 1986, fue lo que sería su última visita al país, claro con un concepto diferente, Los Chicos pero ya más jóvenes y con un cambio de look y música diferente, en esa ocasión el grupo se había incorporado Tony en lugar de Alex Rodríguez del Valle, quien contaba en ese entonces con 19 años. Al poco tiempo se supo que Los Chicos se habían desintegrado definitivamente, ya para principios del 1987."

Octubre 1986 R.D. De izquierda a derecha Tico, Alejandro, Jorge (Giro) y Tony

Annet Rocío Muñoz-México

"Hola Tony durante el transcurso de los años siempre me preguntaba por ti, por aquel niño que cantaba como un angelito...pero aquel niño ha crecido y tiene una de las mejores voces que he escuchado en toda mi vida y no lo digo porque me encanten Los Chicos, lo digo porque de verdad mi corazón lo siente, me encanta tu voz y tu presencia en el escenario y es que se siente el cariño por lo que haces."

Desde Guatemala Lucky Leonardo

"En el año 1982 por primera vez vino a Guatemala el grupo Los Chicos de Puerto Rico, salieron en la portada de un periódico de circulación nacional, cuando los vi me enamoré de ellos y sentí una gran admiración hacia ellos de forma inmediata. Al poco tiempo vinieron a concierto a Guatemala, los fui a ver y me gustaron aún más, como tenia trece años no tuve la oportunidad de tener una foto o un autógrafo mucho menos acercarme a ellos, pero me disfruté cada uno de sus conciertos, no me perdí uno, coleccioné posters, fotos, álbum de estampas, recortes de prensa, discos de vinil, no me perdía ni un solo programa especial los domingos de sus conciertos. Cuando venían a Guatemala lo más cerca que estuve de ellos fue cuando los subieron a una moto-bomba de los bomberos, me fui caminando desde el aeropuerto hasta el hotel donde se hospedaban para verlos a través de un vidrio y lejos ya que estaban en pisos altos del hotel. En el año 1998 volvieron a ser noticia al reunirse nuevamente para dar un concierto en Guatemala, el integrante que no estaba era Chayanne, pero estaban Tony, Rey, Migue, Giro y Javier. Sentía una alegría grande y contaba los días para que llegara la fecha del concierto, el 13 de febrero de 1999. El día en que llegaron a Guatemala al salir del trabajo fui al aeropuerto para verlos y me ubiqué al frente para verlos mejor. Al fin salieron a saludar a sus fans, tenia la ilusión de poder darles la mano, Migue se acercó un poco donde yo estaba parada y luego lo quitaron, ya no pude acercarme, los seguí hasta el hotel ahí darían una conferencia de prensa, por casualidad estaba en el piso donde era la conferencia. Estuve ahí esperando para verlos pasar, cuando se abrió la puerta del elevador venían caminando Javier, Giro, Migue, Rey y Tony. Me quedé paralizada al verlos sentía una emoción tan grande pues después de tanto tiempo tenia la oportunidad de estar cerca, los saludé a todos pero mi corazón daba mil vueltas cuando vi a Tony cuando me saludó y me dio un beso. No lo podía creer la persona que siempre admiré de pequeña y a la cuál yo imitaba en un grupo de doblaje en la época de los ochenta, me había saludado y estaba cerca de él, esa noche no podía dormir porque estaba feliz. El concierto me lo disfruté, canté, lloré, los seguí de vuelta al hotel y los vi a través del vidrio del Lobby Bar. Ellos estaban viendo unas peleas de box del Golden Boy. Al día siguiente del concierto fui a una firma de autógrafos y me llevé un álbum que hice con mucho cariño de los recortes de prensa y fotos que conservaba y cada uno de ellos me las firmó incluso mi álbum de estampas. Migue estaba al final de la mesa y vio mi álbum y me dijo te compro ese álbum. Le contesté ese es mi mayor tesoro y no está a la venta. Le gustó lo que había hecho con el álbum y me sentí feliz. En el 2001

Dios me dio la oportunidad de viajar a Puerto Rico, hablé con Migue quien muy amable me recibió con su esposa Wanda y se portaron muy bien conmigo. Vi a Rey en su trabajo, Javier llegó al hotel y con Tony nos reunimos en un lugar cerca del lugar donde me hospedaba. No lo podía creer yo estaba visitándolos en Puerto Rico, me sentía feliz. Migue fue tremendo anfitrión y descubrí que cada uno de ellos tiene algo especial que los hace muy amables, humildes de corazón y unas buenas personas que hace que cada una de sus fans los quiera mucho. Tony siempre conserva esa voz privilegiada que Dios le dio, Migue es muy cariñoso y muy amable, Rey sigue siendo el suspiro de toda chica. Gracias a cada uno de ellos por haberme permitido conocerlos fuera del ámbito de la música, por permitirme ser su amiga chapina y por ser las personas que ahora son y eso hace que se les quiera mucho incondicionalmente."

Desde Ecuador Deibis Lisday Ponce Mendoza

"Soy ecuatoriana y desde muy pequeña he escuchado sus maravillosas canciones, tanto así que transcurrían los años 1984 aproximadamente. Yo estaba en la escuela primaria y ustedes eran todo un boom. Yo vivía fascinada de la música de ustedes, tanto así que era la locura que hasta nuestro profesor de aula que era también bailarín decidió hacernos ensayar su música y hasta la ropa que ustedes tenían nos hizo que hiciéramos para cantar en un grupo de la escuela que también se llamaba "Los Chicos" todo esto en honor a ustedes. Éramos cinco niñas entre ellas Glenda, Susy, Viviana y yo. Los adoro muchachos.

Saludos a Rey, Tony, Migue, Chayanne y a los otros Chicos que vinieron después de ustedes."

Sandra Lee Christian Gerena desde Puerto Rico

"Recuerdo que era la presidenta del Fan Club "Las Niñas de Los Chicos" de Las Piedras Puerto Rico. Había sido contagiada por la menuditis, sin embargo recuerdo que cuando salió el grupo Los Chicos adquirí su LP de inmediato, mi canción favorita era Vuelvo a Ti y mi Chico favorito Chayanne. Adquirí todos los discos del grupo hasta el de Conexión Caribe. Recuerdo cuando el grupo se presentó en las festividades del Día de Reyes en los terrenos del Morro en San Juan, Puerto Rico. No recuerdo la fecha exacta, sé que fue el 6 de enero y que el gobernador de Puerto Rico entonces era Carlos Romero Barceló. El concierto fue uno accidentado porque comenzó a salirse la gente de control, hubo muchos empujones. Recuerdo que la mamá de Chayanne, Doña Irma se encontraba al frente del escenario (igual que yo) junto a sus hermanitos menores (Elliot y Emanoel) Luego de finalizado el concierto nos fuimos de allí. Yo vivo en el municipio de Las Piedras, localizado en el este de Puerto Rico cerca de los municipios de San Lorenzo y Caguas (donde vivían Chayanne, Migue y Rey) por lo que la carretera de regreso era la misma. Recuerdo que en la autopista Las Américas a lo lejos vi un autobús (guagua, camioneta) blanca que se parecía a la que usaban Los Chicos y que ya conocía pues había ido a muchos conciertos de ellos y mi papá aceleró. Cuando alcanzamos el vehículo, veo que Rey está sentado en el asiento del pasajero y mi prima y yo comenzamos a gritar como locas. Todos se asomaron a la parte delantera de la guagua y nos dijeron adiós. Fue tanto el histerismo que Rey se quitó sus medias (calcetines) y nos los lanzó y mi papá se paro en el medio tomó las medias y nos las dio. (para ese momento ya estábamos en la carretera número 30 de Caguas a Humacao) Hoy en día no sé donde están esos calcetines. Sé que hasta la escuela los llevé."

Desde Costa Rica Kristen Aguilar "A mí y a mis primas nos pasó algo cuando Los Chicos vinieron a Costa Rica entre septiembre y octubre de 1983. Estábamos súper emocionadas porque por primera vez íbamos a ver al grupo, en los periódicos se hablaba del concierto de Los Chicos (Rey, Tony, Migue y Chayanne) fueron semanas anunciando el concierto en el gimnasio del Colegio Madre del Divino Pastor con las fotos de Rey, Tony, Migue y Chayanne era una euforia de todas las muchachas que estábamos ahí cuando anunciaron la salida de Los Chicos y salieron cuatro muchachos de los cuales uno era reconocido por nosotras y ese era Tony. Nos sentimos engañadas y gritábamos queremos los originales. Tony si sabía que en ese momento era al que queríamos, realmente fue muy decepcionante el engaño que nos hicieron acá en Costa Rica. Hasta donde recuerdo estos Chicos nunca volvieron por aquí. Diferente hubiera sido si la publicidad hubiera sido la real probablemente no hubiéramos reaccionado así."

Esta anécdota tan negativa de esta joven Costarricense enmarca con toda claridad y desnudez lo que pasó con Los Chicos originales y sus consecuencias. Siento mucho dolor y pena que todo esto haya ocurrido por las ambiciones desmedidas de mi empleado Ángelo Medina, el abogado Andrés Montañés Coss y los padres de Chayanne. Sin lugar a dudas ellos provocaron esta vergüenza pública y el desconsuelo de estas jovencitas cuando rompieron de forma abrupta y sin razón la agrupación Los Chicos sin pensar en las consecuencias que esto traería. A esta joven le digo que nosotros no engañamos a nadie, el grupo se rompió de manera inesperada y hubo que asumir los compromisos y responsabilidades que teníamos con la gente que nos había contratado. A esos efectos hicimos el show sin cobrar y era responsabilidad del productor del evento en Costa Rica hacerlo saber a los fans y devolver el dinero que había cobrado por el evento. A los que hicieron esta porquería pienso que les llegó el momento de pagar por la culpa y los daños causados, aunque dice un refrán que justicia tarde no es justicia si es consuelo para mí que se sepa la verdad de aquellos que se aprovecharon de mi buena fe para hacernos parecer tontos a ustedes y a mí. A Olaifa Alcocer en México le digo que gracias a esto Los Chicos nunca se pudieron presentar en la Ciudad de México y solo lo hicieron en el interior así como nunca lo pudieron hacer en Colombia y las cosas grandes que venían en Venezuela, Brasil, Estados Unidos y el mundo.

Yo concurro contigo Olaifa, Los Chicos cantando a voces sin dudas eran la mejor agrupación juvenil de los ochentas y Tony Ocasio el mejor cantante de todos aunque nunca haya podido vivir de su talento. Si no fueron tan famosos en México y Colombia como Menudo fue simplemente porque en un año no se puede lograr lo que a Menudo le costó por lo menos ocho años hacerlo. Obviamente Los Chicos se rompieron en ascenso a un año de haber comenzado su carrera artística fueron a Colombia solo a promoción y no pudieron cantar por la locura de la gente. En México solo hicieron 20 ciudades en el interior llenas a capacidad, pero nunca se pudieron presentar en concierto en la Ciudad de México por el poco tiempo que duró el grupo. En Guatemala, Costa Rica y la República Dominicana Los Chicos fueron semidioses cuya popularidad no fue alcanzada por Menudo ni ningún otro artista aunque soy el primero en reconocer que la popularidad de Menudo en el resto del mundo no fue alcanzada por ningún otro artista puertorriqueño. Ciertamente ambos grupos fueron dos extraordinarios embajadores de buena voluntad y promoción turística de nuestra bella isla del Encanto, la isla que el gran Gautier llamó la perla de los mares. Borinquen nombre al pensamiento grato, bello jardín de América y el mundo siendo jardín de América su ornato. Borinquen la tierra de los maestros Rafael Hernández, Pedro Flores, Eugenio María de Hostos, Pedro Arvizu Campos, José de Diego, Ramón Emeterio Betances, de los deportistas Roberto Clemente, Roberto Alomar, Tito Trinidad, Miguel Cotto, de los artistas José Ferrer, Chita Rivera, Raúl Julía, Benicio del Toro, Elmer Figueroa Arce, (Chayanne) Ricky Martin y muchos otros que por falta de espacio no mencionamos pero nos hacen sentir orgullosos de ser o haber sido embajadores de nuestro suelo Borincano. Por eso Los Chicos y Menudo se destacaron siempre.

Junto con este libro hice un CD al que he llamado Remembranzas. El CD lo pueden conseguir a través de CD Baby. En él se encuentran en orden las siguientes canciones:

1-Puerto Rico del segundo LP versión de Erick Lavoy arreglo Eddie Fernández. En esta canción cantan todos individualmente donde describen como es nuestra Isla del Encanto, Puerto Rico. 2- Así es la Creación primer LP composición de Migue 3-Cuando Lleguemos a Viejo escrita por Palito Ortega primer LP producido por Erick Lavoy cantan todos. 4- Ave María de Manuel Alejandro solista Tony segundo LP. 5- Será Porque te Amo versión Erick Lavoy, arreglo Eddie Fernández para el segundo LP de Los Chicos, solista Chayanne. 6- Frente al Mar escrita por Erick Lavoy, arreglo Eddie Fernández para el segundo LP de Los Chicos producido por Eddie Fernández, solista Tony. 7-Bailando al Ritmo de la Lluvia escrita por Pepe Luis Soto, arreglo Eddie Fernández del cuarto LP de Los Chicos solista Chayanne.

8-Niña escrita por O. Nicolini, arreglo Chucho Ferrer para el tercer LP de Los Chicos producido por Luisito Rey en México cantan todos. 9-Me he Enamorado cuarto LP canta Chayanne arreglos Eddie Fernández escrita por Pepe Luis Soto 10-Mama Mia de Abba versión Erick Lavoy, arreglo Eddie Fernández para el segundo LP canta Migue.

11-Sirena de Mar escrita por Rodolfo Barreras, arreglo Eddie Fernández para el quinto LP, solista Chayanne, sound track de la película Conexión Caribe. 12-Heidy canta Rey, segundo LP arreglos Eddie Fernández escrita por Erick Laboy 13- Lagrimas canta Tony arreglo Chucho Ferrer para el tercer LP escrita por Luisito Rey 14-Aquel Tibio Verano de Luisito Rey, arreglo Chucho Ferrer, tercer LP solita Tony. 15- El Tambor de la Alegría escrita por Carmen Lenon ,arreglo Eddie Fernández segundo LP solistas Chayanne, Tony, Rey y Migue. 16-Puerto Rico 2.

Consíguelo en www.amazon.com

La verdadera historia de los chicos de Puerto Rico 191

"Los Chicos" dedicaron esta foto para Noticias del Mundo y muy en especial para ti.

Derecha a izq. Tony, Carlos Alfonso y Ángelo Medina

Por último quiero dedicar este resumen de la historia de Los Chicos a todas aquellas personas que de una forma u otra estuvieron apoyándonos en distintas facetas de nuestros éxitos. Especialmente los clubes de fans en cada país que visitamos sobre todo los de Guatemala, la familia de Marco Antonio Reyes que quedó muy mal herido ayudándonos y nunca supimos que pasó con él, la gran Sarah Arzugaray que tanto me ayudó. En Costa Rica Fanny Madriz y República Dominicana Marily Perdomo, Leo Ogando, Zamantha Ontiveros y Arlette Abraham que tantos sacrificios hicieron por nosotros y hasta su vida pusieron en peligro por culpa de nuestro éxito. En Puerto Rico la presidenta del fan club internacional Judith Alvarado, en México Espe Ruiz, en Honduras Frances y Elsie Rodríguez. Nuestra historia no fue fácil cuando debimos repartir felicidad y alegría, tuvimos sufrimientos por la pérdida de vidas inocentes que en la euforia del momento no pudimos evitar y accidentes que no pudimos controlar. A todos ellos les dedicamos este esfuerzo como homenaje de su heroicidad para nosotros y este homenaje al amor brindado por ellos lo ejemplarizamos a través de Marily Perdomo fallecida en el momento en que terminaba esta historia y que siempre estuvo presente para mantener viva la llama de amor por Los Chicos en su programa semanal de Muxic Radio dónde se han escuchado Los Chicos por siempre. Eternamente agradecidos Rey, Migue, Tony y Chayanne Los Chicos de Puerto Rico y este humilde servidor Carlos Alfonso Ramírez que siendo fieles a la canción que grabamos en nuestro primer disco de larga duración del cantante y compositor Argentino Palito Ortega que decía así:

"Cuando Lleguemos a Viejos que nadie te haga sentir que no supiste vivir la vida y a nadie hiciste feliz. Cuando lleguemos a viejos y mires bien hacia atrás que los recuerdos que te acompañan sean tu felicidad. Por eso hay que vivir, por eso hay que vivir tratando de no herir, sin odio y sin maldad, por eso hay que vivir, por eso hay que vivir, sabiendo compartir cariño y amistad. Cuando lleguemos a viejos que no tengamos que estar tristes porque se nos fue la vida y no supimos amar. Cuando lleguemos a viejos y mires bien hacia atrás que los recuerdos que te acompañen sean tu felicidad."

Hoy repaso junto a ustedes nuestra historia, pienso que nuestro objetivo era repartir felicidad y que los errores de juventud que se cometieron fueron parte de nuestro crecimiento doloroso para algunos, pero de ninguna manera representan resentimiento de mi parte solo les digo que los amo y que algún día me gustaría vernos juntos de nuevo sin odio y sin maldad. Es por eso que termino esta historia con la letra de esta canción en el CD de Remembranzas. Solo espero que les guste y lo guarden por siempre en el recuerdo de lo que sin dudas debió constituir la mejor etapa de sus vidas, su juventud. Es por eso que en reparación de agravios me hubiera gustado convocar a Chayanne a Tony, Rey y Migue para que hagamos juntos la despedida de Los Chicos como dijo Tony en el Retorno en Guatemala el 13 de febrero de 1999 "Una despedida como debió de haber sido", esto sería un inmenso regalo a la fanaticada de Los Chicos y repararía cualquier ofensa que se hayan producido por errores de juventud. Después de todo rectificar cualquier conducta errónea del pasado nos enaltece como seres humanos de buena voluntad y sobre todo nos enaltece con esa fanaticada fiel que han vivido con la esperanza de volverlos a ver juntos. Desgraciadamente esto no puede llevarse a cabo por las pensiones de Rey y de Tony por incapacidad y que pondrían en riesgo de perderlas si así lo hicieran. Después de todo ponerlos en ese riesgo no es nuestro propósito.

El ascenso a la fama de Chayanne tuvo mucho que ver con la inversión que hice en Los Chicos, la cual Chayanne aprovechó muy bien en México para su beneficio personal. Fue la voz extraordinaria de Tony, que junto a la de Chayanne, Rey y Migue la que le produjeron grandes aciertos a Los Chicos. Sin dudas Ángelo Medina y el abogado Andrés Montañez Coss fueron los autores intelectuales de este robo de haberes que Chayanne de manera injusta se benefició. Por eso hoy no le pedimos que nos devuelva lo que nos quitó, sino que agradezca que, en sus éxitos de alguna forma sencilla estuvimos presentes. Ángelo Medina nos sacrificó para darle alas a Chayanne en sus posibilidades de conseguir ese éxito que Chayanne trabajó para alcanzarlo y yo le permití volar otorgándole el relevo para que siguiera cantando y eso le ha permitido aire indirecto a Los Chicos entre otras cosas, para mantenerse vivos en el fervor de sus fans después de tantos años. Hoy no tengo un camino para resarcir daños, solo me conformo con el agradecimiento. Yo llegue a pensar en una gira de despedida lo que hubiera sido un arreglo razonable para que todos los perjudicados recibiéramos lo que es nuestro mediante esa gira de despedida de Los Chicos. Yo pensaba en primer lugar, en la alegría y la felicidad que esto hubiese generado a los fans y en segundo lugar el poder recibir los recursos económicos que nos pertenecerían por vía del trabajo digno y de decoro. Para terminar, le reseño esta historia que acaba de suceder en Puerto Rico con

Migue cuando el helicóptero que piloteaba se le apagó el motor en pleno vuelo y se vino abajo, sin que nada le pasara a nuestro amigo Migue ni a las personas que lo acompañaban. Gracias a sus habilidades y destrezas que siempre expresó de niño cuando decía que era Migue Bond en referencia a James Bond su ídolo en la niñez, cuando pertenecía a Los Chicos de Puerto Rico.

Pero antes de presentarle la historia de Migue les recuerdo "Cuando lleguemos a viejos y mires bien hacia atrás que los recuerdos que te acompañen sean tu felicidad."

Y en ese viaje del recuerdo y la felicidad recibo una correspondencia de una fan de Costa Rica. Ella se llama Ivonne Chamorro y me dice en su misiva: "Que tal Don Carlos siempre es un gusto conversar con usted, considero que no solo va a narrar los hechos, sino que también va a abrirnos su corazón sea como sea la historia estoy segura de que Tony ya dejó lo que sucedió en el pasado. Él es muy fuerte y creo que junto con Rey y Migue le tienen mucho cariño a usted, lo sé porque lo he visto en el internet. Sé que es un atrevimiento lo que digo, pero eso es lo que a mí me parece. Si cantar era el sueño de Tony también tuvo que haber luchado por ello, los sueños suelen costar lágrimas de sangre, constancia, valor, nadie puede cumplir nuestros sueños y Don Carlos...mientras haya vida hay esperanza. Esta empresa fue de mucho aprendizaje para todos, me siento agradecida de haberlos conocido, de haberme contactado con usted y quiero compartirle algo que a lo largo de los años me ha hecho sentir demasiado feliz, cuando yo tenía 14 años, vivía un momento de mucho sufrimiento porque mi familia era muy disfuncional, era muy insegura, no era muy popular en el colegio, no tenía muchos amigos y me sentía infeliz. Por esa época vinieron Los Chicos a Costa Rica y como por arte de magia, el mundo cambio para mí. Recuerdo en una de sus visitas se hospedaron en el Hotel Balmoral y simplemente San José colapsó de la cantidad de chiquillas que fuimos para poder verlos. Aquello era de locos, yo estaba casi en la entrada del hotel, pero no se podía pasar porque habían puesto una barrera, al empleado del hotel al rato de estar ahí llegó un empleado del hotel diciendo que fuéramos por el lado del parqueo, que quedaba a la vuelta de la cuadra, porque iban a salir por ahí, pero nadie le creyó.... solo yo, me fui corriendo vi la microbús saliendo del parqueo, luego el tropel de gente y todas corrían detrás del vehículo, Esas micras de segundo, que yo sentí como eternas nunca las voy a olvidar. Como decimos los Ticos: "pa, que no le falte". Ese mismo año (1982), les escribí una carta y recibí respuesta, por Dios, no podía ser más feliz, con esas cartas fui muy famosa en el colegio, ahí las tengo guardaditas, son un tesoro para mí. ¡Así que ya ve, todo valió la pena!" Ivonne, al leer la carta me salieron lágrimas de emoción, muchas gracias por siempre a ti y todas las fans del mundo.

La verdadera historia de los chicos de Puerto Rico   197

MIGUE CAE AL AGUA CON EL HELICOPTERO QUE PILOTEABA

De izq. a der. Giro, Tony, Rey, Migue, Javier, Casito (Tico se fue antes de hacer la foto)

Cumpleaños Carlos Alfonso Dic 2015 Luego del Retorno en 1999 nos volvimos a reencontrar en mi cumpleaños.

www.ingramcontent.com/pod-product-compliance
Lightning Source LLC
Chambersburg PA
CBHW041610220426
43668CB00001B/6